TRANZLATY

La Langue est pour tout le Monde

Språk er for alle

L'appel de la forêt

Nar villdyret vakner

Jack London

Français / Norsk

Dans le primitif
Inn i det primitive

Buck ne lisait pas les journaux
Buck leste ikke avisene.
S'il avait lu les journaux, il aurait su que des problèmes se préparaient.
Hadde han lest avisene, ville han visst at det var trøbbel i vente.
Il y avait des problèmes non seulement pour lui-même, mais pour tous les chiens de la marée.
Det var trøbbel ikke bare for ham selv, men for alle tidevannshunder.
Tout chien musclé et aux poils longs et chauds allait avoir des ennuis.
Enhver hund med sterke muskler og varm, lang pels kom til å få trøbbel.
De Puget Bay à San Diego, aucun chien ne pouvait échapper à ce qui allait arriver.
Fra Puget Bay til San Diego kunne ingen hund unnslippe det som ventet.
Des hommes, tâtonnant dans l'obscurité de l'Arctique, avaient trouvé un métal jaune.
Menn, som famlet i det arktiske mørket, hadde funnet et gult metall.
Les compagnies de navigation et de transport étaient à la recherche de cette découverte.
Dampskip- og transportselskaper jaget oppdagelsen.
Des milliers d'hommes se précipitaient vers le Nord.
Tusenvis av menn stormet inn i Nordlandet.
Ces hommes voulaient des chiens, et les chiens qu'ils voulaient étaient des chiens lourds.
Disse mennene ville ha hunder, og hundene de ville ha var tunge hunder.
Chiens dotés de muscles puissants pour travailler.
Hunder med sterke muskler å slite med.

Chiens avec des manteaux de fourrure pour les protéger du gel.

Hunder med lodden pels for å beskytte dem mot frosten.

Buck vivait dans une grande maison dans la vallée ensoleillée de Santa Clara.

Buck bodde i et stort hus i den solkysste Santa Clara Valley.

La maison du juge Miller s'appelait ainsi.

Dommer Millers sted, ble huset hans kalt.

Sa maison se trouvait en retrait de la route, à moitié cachée parmi les arbres.

Huset hans lå litt tilbaketrukket fra veien, halvt skjult blant trærne.

On pouvait apercevoir la large véranda qui courait autour de la maison.

Man kunne få glimt av den brede verandaen som strakte seg rundt huset.

On accédait à la maison par des allées gravillonnées.

Huset ble nådd via gruslagte innkjørsler.

Les sentiers serpentaient à travers de vastes pelouses.

Stiene slynget seg gjennom vidstrakte plener.

Au-dessus de nos têtes se trouvaient les branches entrelacées de grands peupliers.

Over dem var de flettede grenene til høye popler.

À l'arrière de la maison, les choses étaient encore plus spacieuses.

På baksiden av huset var det enda mer romslig.

Il y avait de grandes écuries, où une douzaine de palefreniers discutaient

Det var flotte staller, hvor et dusin brudgommer pratet

Il y avait des rangées de maisons de serviteurs recouvertes de vigne

Det var rekker med vinrankede tjenestehytter

Et il y avait une gamme infinie et ordonnée de toilettes extérieures

Og det var en endeløs og ordnet rekke med uthus

Longues tonnelles de vigne, pâturages verts, vergers et parcelles de baies.

Lange druelysthus, grønne beitemarker, frukthager og bæråkrer.

Ensuite, il y avait l'usine de pompage du puits artésien.

Så var det pumpeanlegget for den artesiske brønnen.

Et il y avait le grand réservoir en ciment rempli d'eau.

Og der var den store sementtanken fylt med vann.

C'est ici que les garçons du juge Miller ont fait leur plongeon matinal.

Her tok dommer Millers gutter sitt morgendukkert.

Et ils se sont rafraîchis là-bas aussi dans l'après-midi chaud.

Og de kjølte seg ned der på den varme ettermiddagen også.

Et sur ce grand domaine, Buck était celui qui régnait sur tout.

Og over dette store domenet var det Buck som hersket over det hele.

Buck est né sur cette terre et y a vécu toutes ses quatre années.

Buck ble født på dette landet og bodde her alle sine fire år.

Il y avait bien d'autres chiens, mais ils n'avaient pas vraiment d'importance.

Det fantes riktignok andre hunder, men de spilte egentlig ingen rolle.

D'autres chiens étaient attendus dans un endroit aussi vaste que celui-ci.

Andre hunder var ventet på et sted så stort som dette.

Ces chiens allaient et venaient, ou vivaient à l'intérieur des chenils très fréquentés.

Disse hundene kom og gikk, eller bodde inne i de travle kennelene.

Certains chiens vivaient cachés dans la maison, comme Toots et Ysabel.

Noen hunder bodde gjemt i huset, slik som Toots og Ysabel gjorde.

Toots était un carlin japonais, Ysabel un chien nu mexicain.

Toots var en japansk mops, Ysabel en meksikansk hårløs hund.

Ces étranges créatures sortaient rarement de la maison.

Disse merkelige skapningene gikk sjelden utenfor huset.

Ils n'ont pas touché le sol, ni respiré l'air libre à l'extérieur.

De berørte ikke bakken, og de luktet heller ikke på den åpne luften utenfor.

Il y avait aussi les fox-terriers, au moins une vingtaine.

Det var også foxterrierene, minst tjue i antall.

Ces terriers aboyaient férocement sur Toots et Ysabel à l'intérieur.

Disse terrierene bjeffet heftig mot Toots og Ysabel innendørs.

Toots et Ysabel sont restés derrière les fenêtres, à l'abri du danger.

Toots og Ysabel holdt seg bak vinduene, trygge for skader.

Ils étaient gardés par des domestiques munies de balais et de serpillères.

De ble voktet av hushjelper med koster og mopper.

Mais Buck n'était pas un chien de maison, et il n'était pas non plus un chien de chenil.

Men Buck var ingen hushund, og han var heller ingen kennelhund.

L'ensemble de la propriété appartenait à Buck comme son royaume légitime.

Hele eiendommen tilhørte Buck som hans rettmessige rike.

Buck nageait dans le réservoir ou partait à la chasse avec les fils du juge.

Buck svømte i tanken eller dro på jakt med dommerens sønner.

Il marchait avec Mollie et Alice tôt ou tard le soir.

Han gikk med Mollie og Alice i de tidlige eller sene timer.

Lors des nuits froides, il s'allongeait devant le feu de la bibliothèque avec le juge.

På kalde netter lå han foran peisen i biblioteket sammen med dommeren.

Buck a promené les petits-fils du juge sur son dos robuste.

Buck kjørte dommerens barnebarn på sin sterke rygg.

Il roula dans l'herbe avec les garçons, les surveillant de près.

Han rullet seg i gresset sammen med guttene og voktet nøye over dem.

Ils s'aventurèrent jusqu'à la fontaine et même au-delà des champs de baies.

De våget seg til fontenen og til og med forbi bæråkrene.

Parmi les fox terriers, Buck marchait toujours avec une fierté royale.

Blant foxterrierene vandret Buck alltid med kongelig stolthet.

Il ignora Toots et Ysabel, les traitant comme s'ils étaient de l'air.

Han ignorerte Toots og Ysabel og behandlet dem som om de var luft.

Buck régnait sur toutes les créatures vivantes sur les terres du juge Miller.

Buck hersket over alle levende skapninger på dommer Millers land.

Il régnait sur les animaux, les insectes, les oiseaux et même les humains.

Han hersket over dyr, insekter, fugler og til og med mennesker.

Le père de Buck, Elmo, était un énorme et fidèle Saint-Bernard.

Bucks far Elmo hadde vært en stor og lojal sanktbernhardshund.

Elmo n'a jamais quitté le juge et l'a servi fidèlement.

Elmo vek aldri fra dommerens side og tjente ham trofast.

Buck semblait prêt à suivre le noble exemple de son père.

Buck virket klar til å følge farens edle eksempel.

Buck n'était pas aussi gros, pesant cent quarante livres.

Buck var ikke fullt så stor, og veide hundre og førti pund.

Sa mère, Shep, était un excellent chien de berger écossais.

Moren hans, Shep, hadde vært en fin skotsk gjeterhund.

Mais même avec ce poids, Buck marchait avec une présence royale.

Men selv med den vekten gikk Buck med kongelig tilstedeværelse.

Cela venait de la bonne nourriture et du respect qu'il recevait toujours.

Dette kom fra god mat og den respekten han alltid fikk.

Pendant quatre ans, Buck a vécu comme un noble gâté.

I fire år hadde Buck levd som en bortskjemt adelsmann.

Il était fier de lui, et même légèrement égoïste.

Han var stolt av seg selv, og til og med litt egoistisk.

Ce genre de fierté était courant chez les seigneurs des régions reculées.

Den slags stolthet var vanlig blant avsidesliggende landsherrer.

Mais Buck s'est sauvé de devenir un chien de maison choyé.

Men Buck reddet seg fra å bli en bortskjemt hushund.

Il est resté mince et fort grâce à la chasse et à l'exercice.

Han holdt seg slank og sterk gjennom jakt og mosjon.

Il aimait profondément l'eau, comme les gens qui se baignent dans les lacs froids.

Han elsket vann dypt, som folk som bader i kalde innsjøer.

Cet amour pour l'eau a gardé Buck fort et en très bonne santé.

Denne kjærligheten til vann holdt Buck sterk og veldig sunn.

C'était le chien que Buck était devenu à l'automne 1897.

Dette var hunden Buck hadde blitt høsten 1897.

Lorsque la découverte du Klondike a attiré des hommes vers le Nord gelé.

Da Klondike-angrepet trakk menn til det frosne nord.

Des gens du monde entier se sont précipités vers ce pays froid.

Folk strømmet fra hele verden inn i det kalde landet.

Buck, cependant, ne lisait pas les journaux et ne comprenait pas les nouvelles.

Buck leste imidlertid ikke avisene, og forsto heller ikke nyheter.

Il ne savait pas que Manuel était un homme désagréable à fréquenter.

Han visste ikke at Manuel var en dårlig mann å være sammen med.

Manuel, qui aidait au jardin, avait un problème grave.
Manuel, som hjalp til i hagen, hadde et alvorlig problem.
Manuel était accro aux jeux de loterie chinois.
Manuel var avhengig av pengespill i det kinesiske lotteriet.
Il croyait également fermement en un système fixe pour gagner.
Han trodde også sterkt på et fast system for å vinne.
Cette croyance rendait son échec certain et inévitable.
Den troen gjorde hans fiasko sikker og uunngåelig.
Jouer un système exige de l'argent, ce qui manquait à Manuel.
Å spille et system krever penger, noe Manuel manglet.
Son salaire suffisait à peine à subvenir aux besoins de sa femme et de ses nombreux enfants.
Lønnen hans forsørget knapt kona og de mange barna hans.
La nuit où Manuel a trahi Buck, les choses étaient normales.
Den natten Manuel forrådte Buck, var ting normalt.
Le juge était présent à une réunion de l'Association des producteurs de raisins secs.
Dommeren var på et møte i rosindyrkerforeningen.
Les fils du juge étaient alors occupés à former un club d'athlétisme.
Dommerens sønner var travelt opptatt med å danne en idrettsklubb den gang.
Personne n'a vu Manuel et Buck sortir par le verger.
Ingen så Manuel og Buck gå gjennom frukthagen.
Buck pensait que cette promenade n'était qu'une simple promenade nocturne.
Buck trodde denne turen bare var en enkel nattlig spasertur.
Ils n'ont rencontré qu'un seul homme à la station du drapeau, à College Park.
De møtte bare én mann på flaggstasjonen i College Park.
Cet homme a parlé à Manuel et ils ont échangé de l'argent.
Mannen snakket med Manuel, og de vekslet penger.
« Emballez les marchandises avant de les livrer », a-t-il suggéré.
«Pakk inn varene før du leverer dem», foreslo han.

La voix de l'homme était rauque et impatiente lorsqu'il parlait.

Mannens stemme var ru og utålmodig mens han snakket.

Manuel a soigneusement attaché une corde épaisse autour du cou de Buck.

Manuel bandt forsiktig et tykt tau rundt Bucks hals.

« Tournez la corde et vous l'étoufferez abondamment »

«Vri tauet, så kveler du ham kraftig»

L'étranger émit un grognement, montrant qu'il comprenait bien.

Den fremmede gryntet, noe som viste at han forsto godt.

Buck a accepté la corde avec calme et dignité tranquille ce jour-là.

Buck tok imot tauet med rolig og stille verdighet den dagen.

C'était un acte inhabituel, mais Buck faisait confiance aux hommes qu'il connaissait.

Det var en uvanlig handling, men Buck stolte på mennene han kjente.

Il croyait que leur sagesse allait bien au-delà de sa propre pensée.

Han mente at visdommen deres gikk langt utover hans egen tenkning.

Mais ensuite la corde fut remise entre les mains de l'étranger.

Men så ble tauet gitt til den fremmedes hender.

Buck émit un grognement sourd qui avertissait avec une menace silencieuse.

Buck knurret lavt som advarte med en stille trussel.

Il était fier et autoritaire, et voulait montrer son mécontentement.

Han var stolt og kommanderende, og hadde til hensikt å vise sin misnøye.

Buck pensait que son avertissement serait compris comme un ordre.

Buck trodde advarselen hans ville bli oppfattet som en ordre.

À sa grande surprise, la corde se resserra rapidement autour de son cou épais.

Til hans sjokk strammet tauet seg hardt rundt den tykke halsen hans.

Son air fut coupé et il commença à se battre dans une rage soudaine.

Luften hans ble kuttet ut, og han begynte å slåss i et plutselig raseri.

Il s'est jeté sur l'homme, qui a rapidement rencontré Buck en plein vol.

Han sprang mot mannen, som raskt møtte Buck i luften.

L'homme attrapa Buck par la gorge et le fit habilement tourner dans les airs.

Mannen grep tak i Bucks hals og vred ham dyktig opp i luften.

Buck a été violemment projeté au sol, atterrissant à plat sur le dos.

Buck ble kastet hardt ned og landet flatt på ryggen.

La corde l'étranglait alors cruellement tandis qu'il donnait des coups de pied sauvages.

Tauet kvalte ham nå grusomt mens han sparket vilt.

Sa langue tomba, sa poitrine se souleva, mais il ne reprit pas son souffle.

Tungen hans falt ut, brystet hevet seg, men han fikk ikke puste.

Il n'avait jamais été traité avec une telle violence de sa vie.

Han hadde aldri blitt behandlet med slik vold i sitt liv.

Il n'avait jamais été rempli d'une fureur aussi profonde auparavant.

Han hadde heller aldri vært fylt med et så dypt raseri før.

Mais le pouvoir de Buck s'est estompé et ses yeux sont devenus vitreux.

Men Bucks kraft sviktet, og øynene hans ble glassaktige.

Il s'est évanoui juste au moment où un train s'arrêtait à proximité.

Han besvimte akkurat idet et tog stoppet i nærheten.

Les deux hommes le jetèrent alors rapidement dans le fourgon à bagages.

Så kastet de to mennene ham raskt inn i bagasjevognen.

La chose suivante que Buck ressentit fut une douleur dans sa langue enflée.

Det neste Buck kjente var en smerte i den hovne tungen.

Il se déplaçait dans un chariot tremblant, à peine conscient.

Han beveget seg i en skjelvende vogn, bare svakt bevisst.

Le cri aigu d'un sifflet de train indiqua à Buck où il se trouvait.

Det skarpe skriket fra en togfløyte fortalte Buck hvor han var.

Il avait souvent roulé avec le juge et connaissait ce sentiment.

Han hadde ofte ridd med dommeren og kjente følelsen.

C'était le choc unique de voyager à nouveau dans un fourgon à bagages.

Det var det unike sjokket å reise i bagasjevogn igjen.

Buck ouvrit les yeux et son regard brûla de rage.

Buck åpnet øynene, og blikket hans brant av raseri.

C'était la colère d'un roi fier déchu de son trône.

Dette var vreden til en stolt konge som ble tatt fra tronen.

Un homme a tenté de l'attraper, mais Buck a frappé en premier.

En mann rakte ut for å gripe ham, men Buck slo til først i stedet.

Il enfonça ses dents dans la main de l'homme et la serra fermement.

Han bet tennene i mannens hånd og holdt den hardt.

Il ne l'a pas lâché jusqu'à ce qu'il s'évanouisse une deuxième fois.

Han slapp ikke taket før han besvimte for andre gang.

« Ouais, il a des crises », murmura l'homme au bagagiste.

«Ja, får anfall», mumlet mannen til bagasjemannen.

Le bagagiste avait entendu la lutte et s'était approché.

Bagasjemannen hadde hørt kampen og kom nærmere.

« Je l'emmène à Frisco pour le patron », a expliqué l'homme.

«Jeg tar ham med til 'Frisco for sjefen», forklarte mannen.

« Il y a un excellent vétérinaire qui dit pouvoir les guérir. »

«Det er en dyktig hundedoktor der som sier han kan kurere dem.»

Plus tard dans la soirée, l'homme a donné son propre récit complet.

Senere den kvelden ga mannen sin egen fullstendige beretning.

Il parlait depuis un hangar derrière un saloon sur les quais.

Han snakket fra et skur bak en saloon på kaia.

« Tout ce qu'on m'a donné, c'était cinquante dollars », se plaignit-il au vendeur du saloon.

«Alt jeg fikk var femti dollar», klaget han til saloonmannen.

« Je ne le referais pas, même pour mille dollars en espèces. »

«Jeg ville ikke gjort det igjen, ikke engang for tusen i kontanter.»

Sa main droite était étroitement enveloppée dans un tissu ensanglanté.

Høyrehånden hans var tett pakket inn i et blodig klede.

Son pantalon était déchiré du genou au pied.

Buksebeinet hans var vidt revet opp fra kne til tå.

« Combien a été payé l'autre idiot ? » demanda le vendeur du saloon.

«Hvor mye fikk den andre kruset betalt?» spurte saloonmannen.

« Cent », répondit l'homme, « il n'accepterait pas un centime de moins. »

«Hundre,» svarte mannen, «han ville ikke tatt en krone mindre.»

« Cela fait cent cinquante », dit le vendeur du saloon.

«Det blir hundre og femti», sa saloonmannen.

« Et il vaut tout ça, sinon je ne suis pas meilleur qu'un imbécile. »

«Og han er verdt alt, ellers er jeg ikke bedre enn en dust.»

L'homme ouvrit les emballages pour examiner sa main.

Mannen åpnet innpakningen for å undersøke hånden sin.

La main était gravement déchirée et couverte de sang séché.

Hånden var stygt revet og dekket av tørket blod.

« Si je n'ai pas l' hydrophobie… » commença-t-il à dire.

«Hvis jeg ikke får hydrofobien …» begynte han å si.

« Ce sera parce que tu es né pour être pendu », dit-il en riant.

«Det er fordi du er født til å henge», kom det en latter.

« Viens m'aider avant de partir », lui a-t-on demandé.

«Kom og hjelp meg før du drar», ble han spurt.

Buck était dans un état second à cause de la douleur dans sa langue et sa gorge.

Buck var i en døs av smertene i tungen og halsen.

Il était à moitié étranglé et pouvait à peine se tenir debout.

Han var halvkvalt, og kunne knapt stå oppreist.

Pourtant, Buck essayait de faire face aux hommes qui l'avaient blessé ainsi.

Likevel prøvde Buck å møte mennene som hadde såret ham så mye.

Mais ils le jetèrent à terre et l'étranglèrent une fois de plus.

Men de kastet ham ned og kvalte ham igjen.

Ce n'est qu'à ce moment-là qu'ils ont pu scier son lourd collier de laiton.

Først da kunne de sage av den tunge messingkragen hans.

Ils ont retiré la corde et l'ont poussé dans une caisse.

De fjernet tauet og dyttet ham inn i en kasse.

La caisse était petite et avait la forme d'une cage en fer brut.

Kassen var liten og formet som et grovt jernbur.

Buck resta allongé là toute la nuit, rempli de colère et d'orgueil blessé.

Buck lå der hele natten, fylt av vrede og såret stolthet.

Il ne pouvait pas commencer à comprendre ce qui lui arrivait.

Han klarte ikke å begynne å forstå hva som skjedde med ham.

Pourquoi ces hommes étranges le gardaient-ils dans cette petite caisse ?

Hvorfor holdt disse merkelige mennene ham i denne lille kassen?

Que voulaient-ils de lui et pourquoi cette cruelle captivité ?

Hva ville de med ham, og hvorfor dette grusomme fangenskapet?

Il ressentait une pression sombre, un sentiment de catastrophe qui se rapprochait.

Han følte et mørkt press; en følelse av at katastrofen kom nærmere.

C'était une peur vague, mais elle pesait lourdement sur son esprit.

Det var en vag frykt, men den tynget ham dypt.

Il a sursauté à plusieurs reprises lorsque la porte du hangar a claqué.

Flere ganger hoppet han opp da skurdøren raslet.

Il s'attendait à ce que le juge ou les garçons apparaissent et le sauvent.

Han forventet at dommeren eller guttene skulle dukke opp og redde ham.

Mais à chaque fois, seul le gros visage du tenancier de bar apparaissait à l'intérieur.

Men bare saloonholderens fete ansikt tittet inn hver gang.

Le visage de l'homme était éclairé par la faible lueur d'une bougie de suif.

Mannens ansikt var opplyst av det svake lyset fra et talglys.

À chaque fois, l'aboiement joyeux de Buck se transformait en un grognement bas et colérique.

Hver gang forandret Bucks gledesfylte bjeff seg til en lav, sint knurr.

Le tenancier du saloon l'a laissé seul pour la nuit dans la caisse

Saloon-eieren lot ham være alene i buret for natten

Mais quand il se réveilla le matin, d'autres hommes arrivèrent.

Men da han våknet om morgenen, kom det flere menn.

Quatre hommes sont venus et ont ramassé la caisse avec précaution, sans un mot.

Fire menn kom og plukket forsiktig opp kassen uten et ord.

Buck comprit immédiatement dans quelle situation il se trouvait.

Buck forsto med en gang hvilken situasjon han befant seg i.

Ils étaient d'autres bourreaux qu'il devait combattre et craindre.

De var ytterligere plageånder som han måtte kjempe mot og frykte.

Ces hommes avaient l'air méchants, en haillons et très mal soignés.

Disse mennene så onde, fillete og svært dårlig stelt ut.

Buck grogna et se jeta férocement sur eux à travers les barreaux.

Buck glefset og kastet seg voldsomt mot dem gjennom sprinklene.

Ils se sont contentés de rire et de le frapper avec de longs bâtons en bois.

De bare lo og stakk til ham med lange trepinner.

Buck a mordu les bâtons, puis s'est rendu compte que c'était ce qu'ils aimaient.

Buck bet i pinnene, men innså at det var det de likte.

Il s'allongea donc tranquillement, maussade et brûlant d'une rage silencieuse.

Så la han seg stille ned, mutt og brennende av stille raseri.

Ils ont soulevé la caisse dans un chariot et sont partis avec lui.

De løftet kassen opp i en vogn og kjørte av gårde med ham.

La caisse, avec Buck enfermé à l'intérieur, changeait souvent de mains.

Kassen, med Buck låst inni, skiftet hender ofte.

Les employés du bureau express ont pris les choses en main et l'ont traité brièvement.

Ekspresskontormedarbeidere tok ansvar og håndterte ham kort.

Puis un autre chariot transporta Buck à travers la ville bruyante.

Så bar en annen vogn Buck gjennom den støyende byen.

Un camion l'a emmené avec des cartons et des colis sur un ferry.

En lastebil tok ham med esker og pakker om bord på en ferge.

Après la traversée, le camion l'a déchargé dans un dépôt ferroviaire.

Etter å ha krysset, losset lastebilen ham av på en jernbanestasjon.

Finalement, Buck fut placé dans une voiture express en attente.

Til slutt ble Buck plassert i en ventende ekspressvogn.

Pendant deux jours et deux nuits, les trains ont emporté la voiture express.

I to dager og netter trakk tog ekspressvognen bort.

Buck n'a ni mangé ni bu pendant tout le douloureux voyage.

Buck verken spiste eller drakk under hele den smertefulle reisen.

Lorsque les messagers express ont essayé de l'approcher, il a grogné.

Da ekspressbudene prøvde å nærme seg ham, knurret han.

Ils ont réagi en se moquant de lui et en le taquinant cruellement.

De svarte med å håne ham og erte ham grusomt.

Buck se jeta sur les barreaux, écumant et tremblant

Buck kastet seg mot barene, skummet og skalv

ils ont ri bruyamment et l'ont raillé comme des brutes de cour d'école.

De lo høyt og hånet ham som skolegårdsbønnerne.

Ils aboyaient comme de faux chiens et battaient des bras.

De bjeffet som falske hunder og flakset med armene.

Ils ont même chanté comme des coqs juste pour le contrarier davantage.

De gol til og med som haner bare for å gjøre ham enda mer opprørt.

C'était un comportement stupide, et Buck savait que c'était ridicule.

Det var tåpelig oppførsel, og Buck visste at det var latterlig.

Mais cela n'a fait qu'approfondir son sentiment d'indignation et de honte.

Men det forsterket bare følelsen av forargelse og skam hans.

Il n'a pas été trop dérangé par la faim pendant le voyage.

Han var ikke særlig plaget av sult under turen.

Mais la soif provoquait une douleur aiguë et une souffrance insupportable.

Men tørsten medførte skarp smerte og uutholdelig lidelse.

Sa gorge sèche et enflammée et sa langue brûlaient de chaleur.

Den tørre, betente halsen og tungen hans brant av varme.

Cette douleur alimentait la fièvre qui montait dans son corps fier.

Denne smerten næret feberen som steg i den stolte kroppen hans.

Buck était reconnaissant pour une seule chose au cours de ce procès.

Buck var takknemlig for én ting under denne rettssaken.

La corde avait été retirée de son cou épais.

Tauet var blitt fjernet fra den tykke halsen hans.

La corde avait donné à ces hommes un avantage injuste et cruel.

Tauet hadde gitt disse mennene en urettferdig og grusom fordel.

Maintenant, la corde avait disparu et Buck jura qu'elle ne reviendrait jamais.

Nå var tauet borte, og Buck sverget på at det aldri ville komme tilbake.

Il a décidé qu'aucune corde ne passerait plus jamais autour de son cou.

Han bestemte seg for at ingen tau noen gang skulle gå rundt halsen hans igjen.

Pendant deux longs jours et deux longues nuits, il souffrit sans nourriture.

I to lange dager og netter led han uten mat.

Et pendant ces heures, il a développé une énorme rage en lui.

Og i disse timene bygde han opp et enormt raseri inni seg.

Ses yeux sont devenus injectés de sang et sauvages à cause d'une colère constante.

Øynene hans ble blodsprengte og ville av konstant sinne.

Il n'était plus Buck, mais un démon aux mâchoires claquantes.
Han var ikke lenger Buck, men en demon med knakende kjever.
Même le juge n'aurait pas reconnu cette créature folle.
Selv dommeren ville ikke ha kjent denne gale skapningen.
Les messagers express ont soupiré de soulagement lorsqu'ils ont atteint Seattle
Ekspressbudene sukket lettet da de nådde Seattle
Quatre hommes ont soulevé la caisse et l'ont amenée dans une cour arrière.
Fire menn løftet kassen og bar den til en bakgård.
La cour était petite, entourée de murs hauts et solides.
Gårdsplassen var liten, omgitt av høye og solide murer.
Un grand homme sortit, vêtu d'un pull rouge affaissé.
En stor mann steg ut i en hengende rød genserskjorte.
Il a signé le carnet de livraison d'une écriture épaisse et audacieuse.
Han signerte leveringsboken med tykk og dristig håndskrift.
Buck sentit immédiatement que cet homme était son prochain bourreau.
Buck ante med en gang at denne mannen var hans neste plageånd.
Il se jeta violemment sur les barreaux, les yeux rouges de fureur.
Han kastet seg voldsomt mot stengene, med røde øyne av raseri.
L'homme sourit simplement sombrement et alla chercher une hachette.
Mannen smilte bare dystert og gikk for å hente en øks.
Il portait également une massue dans sa main droite épaisse et forte.
Han hadde også med seg en kølle i sin tykke og sterke høyre hånd.
« Tu vas le sortir maintenant ? » demanda le chauffeur, inquiet.
«Skal du kjøre ham ut nå?» spurte sjåføren bekymret.

« Bien sûr », dit l'homme en enfonçant la hachette dans la caisse comme levier.

«Jada,» sa mannen og presset øksen inn i kassen som en spak.

Les quatre hommes se dispersèrent instantanément et sautèrent sur le mur de la cour.

De fire mennene spredte seg øyeblikkelig og hoppet opp på gårdsmuren.

Depuis leurs endroits sûrs, ils attendaient d'assister au spectacle.

Fra sine trygge plasser ovenfra ventet de på å se på skuet.

Buck se jeta sur le bois éclaté, le mordant et le secouant violemment.

Buck kastet seg mot det splintrede treverket, bet og skalv voldsomt.

Chaque fois que la hachette touchait la cage, Buck était là pour l'attaquer.

Hver gang øksen traff buret), var Buck der for å angripe den.

Il grogna et claqua des dents avec une rage folle, impatient d'être libéré.

Han knurret og glefset av vilt raseri, ivrig etter å bli satt fri.

L'homme dehors était calme et stable, concentré sur sa tâche.

Mannen utenfor var rolig og stødig, opptatt av oppgaven sin.

« Bon, alors, espèce de diable aux yeux rouges », dit-il lorsque le trou fut grand.

«Akkurat da, din rødøyde djevel», sa han da hullet var stort.

Il laissa tomber la hachette et prit le gourdin dans sa main droite.

Han slapp stridsøksen og tok køllen i høyre hånd.

Buck ressemblait vraiment à un diable ; les yeux injectés de sang et flamboyants.

Buck så virkelig ut som en djevel; øynene var blodsprengte og flammende.

Son pelage se hérissait, de la mousse s'échappait de sa bouche, ses yeux brillaient.

Pelsen hans strittet, skum skummet rundt munnen, og øynene glitret.

Il rassembla ses muscles et se jeta directement sur le pull rouge.

Han spente musklene og hoppet rett på den røde genseren.

Cent quarante livres de fureur s'abattèrent sur l'homme calme.

Hundre og førti kilo raseri fløy mot den rolige mannen.

Juste avant que ses mâchoires ne se referment, un coup terrible le frappa.

Rett før kjevene hans klemte seg igjen, traff et forferdelig slag ham.

Ses dents claquèrent l'une contre l'autre, rien d'autre que l'air

Tennene hans knakk sammen på ingenting annet enn luft

une secousse de douleur résonna dans son corps

et smertestøt gjallet gjennom kroppen hans

Il a fait un saut périlleux en plein vol et s'est écrasé sur le dos et sur le côté.

Han snudde seg midt i luften og falt ned på ryggen og siden.

Il n'avait jamais ressenti auparavant le coup d'un gourdin et ne pouvait pas le saisir.

Han hadde aldri før følt et slag fra en kølle og kunne ikke gripe det.

Avec un grognement strident, mi-aboiement, mi-cri, il bondit à nouveau.

Med et skrikende knurr, delvis bjeffing, delvis skrik, hoppet han igjen.

Un autre coup brutal le frappa et le projeta au sol.

Nok et brutalt slag traff ham og kastet ham i bakken.

Cette fois, Buck comprit : c'était la lourde massue de l'homme.

Denne gangen forsto Buck – det var mannens tunge kølle.

Mais la rage l'aveuglait, et il n'avait aucune idée de retraite.

Men raseriet blindet ham, og han tenkte ikke på å trekke seg tilbake.

Douze fois il s'est lancé et douze fois il est tombé.

Tolv ganger kastet han seg, og tolv ganger falt han.

Le gourdin en bois le frappait à chaque fois avec une force impitoyable et écrasante.

Trekøllen knuste ham hver gang med hensynsløs, knusende kraft.

Après un coup violent, il se releva en titubant, étourdi et lent.

Etter et voldsomt slag vaklet han opp på beina, forvirret og langsom.

Du sang coulait de sa bouche, de son nez et même de ses oreilles.

Blod rant fra munnen, nesen og til og med ørene hans.

Son pelage autrefois magnifique était maculé de mousse sanglante.

Den en gang så vakre kåpen hans var tilsmusset av blodig skum.

Alors l'homme s'est avancé et a donné un coup violent au nez.

Så steg mannen frem og slo ham hardt mot nesen.

L'agonie était plus vive que tout ce que Buck avait jamais ressenti.

Smerten var skarpere enn noe Buck noen gang hadde følt.

Avec un rugissement plus bête que chien, il bondit à nouveau pour attaquer.

Med et brøl, mer et dyr enn en hund, sprang han igjen for å angripe.

Mais l'homme attrapa sa mâchoire inférieure et la tourna vers l'arrière.

Men mannen grep tak i underkjeven hans og vred den bakover.

Buck fit un saut périlleux et s'écrasa à nouveau violemment.

Buck snudde seg pladask og braste hardt ned igjen.

Une dernière fois, Buck se précipita sur lui, maintenant à peine capable de se tenir debout.

En siste gang stormet Buck mot ham, nå knapt i stand til å stå på egne ben.

L'homme a frappé avec un timing expert, délivrant le coup final.

Mannen slo til med ekspert timing og ga det siste slaget.

Buck s'est effondré, inconscient et immobile.

Buck kollapset i en haug, bevisstløs og ubevegelig.

« Il n'est pas mauvais pour dresser les chiens, c'est ce que je dis », a crié un homme.

«Han er ikke svak til å knekke hund, det er det jeg sier», ropte en mann.

« Druther peut briser la volonté d'un chien n'importe quel jour de la semaine. »

«Druther kan knekke en hunds vilje hvilken som helst dag i uken.»

« Et deux fois un dimanche ! » a ajouté le chauffeur.

«Og to ganger på en søndag!» la sjåføren til.

Il monta dans le chariot et fit claquer les rênes pour partir.

Han klatret opp i vognen og brøt i tømmene for å dra.

Buck a lentement repris le contrôle de sa conscience

Buck gjenvant sakte kontroll over bevisstheten sin

mais son corps était encore trop faible et brisé pour bouger.

men kroppen hans var fortsatt for svak og brukket til å bevege seg.

Il resta allongé là où il était tombé, regardant l'homme au pull rouge.

Han lå der han hadde falt og så på mannen i den rødgenseren.

« Il répond au nom de Buck », dit l'homme en lisant à haute voix.

«Han svarer på navnet Buck», sa mannen mens han leste høyt.

Il a cité la note envoyée avec la caisse de Buck et les détails.

Han siterte fra brevet som ble sendt med Bucks kasse og detaljer.

« Eh bien, Buck, mon garçon », continua l'homme d'un ton amical,

«Vel, Buck, gutten min», fortsatte mannen med en vennlig tone,

« Nous avons eu notre petite dispute, et maintenant c'est fini entre nous. »

«Vi har hatt vår lille krangel, og nå er det over mellom oss.»

« Tu as appris à connaître ta place, et j'ai appris à connaître la mienne », a-t-il ajouté.

«Du har lært din plass, og jeg har lært min», la han til.

« Sois sage, tout ira bien et la vie sera agréable. »

«Vær snill, så går alt bra, og livet blir behagelig.»

« Mais sois méchant, et je te botterai les fesses, compris ? »

«Men vær slem, så banker jeg deg i hjel, forstått?»

Tandis qu'il parlait, il tendit la main et tapota la tête douloureuse de Buck.

Mens han snakket, rakte han ut hånden og klappet Buck på det såre hodet.

Les cheveux de Buck se dressèrent au contact de l'homme, mais il ne résista pas.

Bucks hår reiste seg ved mannens berøring, men han gjorde ikke motstand.

L'homme lui apporta de l'eau, que Buck but à grandes gorgées.

Mannen kom med vann til ham, som Buck drakk i store slurker.

Puis vint la viande crue, que Buck dévora morceau par morceau.

Så kom rått kjøtt, som Buck slukte bit for bit.

Il savait qu'il était battu, mais il savait aussi qu'il n'était pas brisé.

Han visste at han var slått, men han visste også at han ikke var brukket.

Il n'avait aucune chance contre un homme armé d'une matraque.

Han hadde ingen sjanse mot en mann bevæpnet med en kølle.

Il avait appris la vérité et il n'a jamais oublié cette leçon.

Han hadde lært sannheten, og han glemte aldri den lærdommen.

Cette arme était le début de la loi dans le nouveau monde de Buck.

Det våpenet var begynnelsen på loven i Bucks nye verden.

C'était le début d'un ordre dur et primitif qu'il ne pouvait nier.

Det var starten på en hard, primitiv orden han ikke kunne fornekte.

Il accepta la vérité ; ses instincts sauvages étaient désormais éveillés.

Han aksepterte sannheten; hans ville instinkter var nå våkne.

Le monde était devenu plus dur, mais Buck l'a affronté avec courage.

Verden hadde blitt hardere, men Buck møtte det tappert.

Il a affronté la vie avec une prudence, une ruse et une force tranquille nouvelles.

Han møtte livet med ny forsiktighet, list og stille styrke.

D'autres chiens sont arrivés, attachés dans des cordes ou des caisses comme Buck l'avait été.

Flere hunder ankom, bundet i tau eller bur slik som Buck hadde vært.

Certains chiens sont venus calmement, d'autres ont fait rage et se sont battus comme des bêtes sauvages.

Noen hunder kom rolig, andre raste og sloss som ville dyr.

Ils furent tous soumis au règne de l'homme au pull rouge.

Alle ble brakt under den rødgenserkledde mannens styre.

À chaque fois, Buck regardait et voyait la même leçon se dérouler.

Hver gang så Buck på og så den samme lærdommen utfolde seg.

L'homme avec la massue était la loi, un maître à obéir.

Mannen med køllen var loven; en mester som skulle adlydes.

Il n'avait pas besoin d'être aimé, mais il fallait qu'on lui obéisse.

Han trengte ikke å bli likt, men han måtte bli adlydt.

Buck ne s'est jamais montré flatteur ni n'a remué la queue comme le faisaient les chiens plus faibles.

Buck aldri krypet eller logret slik som de svakere hundene gjorde.

Il a vu des chiens qui avaient été battus et qui continuaient à lécher la main de l'homme.

Han så hunder som var slått og som fortsatt slikket mannens hånd.

Il a vu un chien qui refusait d'obéir ou de se soumettre du tout.

Han så én hund som verken ville adlyde eller bøye seg i det hele tatt.

Ce chien s'est battu jusqu'à ce qu'il soit tué dans la bataille pour le contrôle.

Den hunden kjempet til den ble drept i kampen om kontroll.

Des étrangers venaient parfois voir l'homme au pull rouge.

Fremmede kom noen ganger for å se mannen i rødgenseren.

Ils parlaient sur un ton étrange, suppliant, marchandant et riant.

De snakket i en merkelig tone, tryglet, prutet og lo.

Lors de l'échange d'argent, ils partaient avec un ou plusieurs chiens.

Da penger ble vekslet, dro de av gårde med én eller flere hunder.

Buck se demandait où étaient passés ces chiens, car aucun n'était jamais revenu.

Buck lurte på hvor disse hundene ble av, for ingen kom noen gang tilbake.

la peur de l'inconnu envahissait Buck chaque fois qu'un homme étrange venait

frykten for det ukjente fylte Buck hver gang en fremmed mann kom

il était content à chaque fois qu'un autre chien était pris, plutôt que lui-même.

Han var glad hver gang en annen hund ble tatt, i stedet for ham selv.

Mais finalement, le tour de Buck arriva avec l'arrivée d'un homme étrange.

Men endelig kom Bucks tur med ankomsten av en fremmed mann.

Il était petit, nerveux, parlait un anglais approximatif et jurait.

Han var liten, senete og snakket gebrokken engelsk og bannet.

« Sacré-Dam ! » hurla-t-il en posant les yeux sur le corps de Buck.

«Sacredam!» ropte han da han la øynene på Bucks kropp.

**« C'est un sacré chien tyrannique ! Hein ? Combien ? »
demanda-t-il à voix haute.**

«Det er en forbanna bøllehund! Eh? Hvor mye?» spurte han
høyt.

« Trois cents, et c'est un cadeau à ce prix-là. »

«Tre hundre, og han er en gave til den prisen»

**« Puisque c'est de l'argent du gouvernement, tu ne devrais
pas te plaindre, Perrault. »**

«Siden det er penger fra staten, burde du ikke klage, Perrault.»

**Perrault sourit à l'idée de l'accord qu'il venait de conclure
avec cet homme.**

Perrault smilte bredt av å høre avtalen han nettopp hadde
inngått med mannen.

**Le prix des chiens a grimpé en flèche en raison de la
demande soudaine.**

Prisen på hunder hadde steget kraftig på grunn av den
plutselige etterspørselen.

**Trois cents dollars, ce n'était pas injuste pour une si belle
bête.**

Tre hundre dollar var ikke urettferdig for et så fint dyr.

Le gouvernement canadien ne perdrait rien dans cet accord

Den kanadiske regjeringen ville ikke tape noe på avtalen

**Leurs dépêches officielles ne seraient pas non plus retardées
en transit.**

Heller ikke ville deres offisielle forsendelser bli forsinket
underveis.

**Perrault connaissait bien les chiens et pouvait voir que Buck
était quelque chose de rare.**

Perrault kjente hunder godt, og kunne se at Buck var noe
sjeldent.

**« Un sur dix dix mille », pensa-t-il en étudiant la silhouette
de Buck.**

«Én av ti titusen,» tenkte han, mens han studerte Bucks
kroppsbygning.

**Buck a vu l'argent changer de mains, mais n'a montré aucune
surprise.**

Buck så pengene skifte hender, men viste ingen overraskelse.

Bientôt, lui et Curly, un gentil Terre-Neuve, furent emmenés.

Snart ble han og Krøllete, en snill newfoundlander, ført bort.

Ils suivirent le petit homme depuis la cour du pull rouge.

De fulgte den lille mannen fra den røde genserens hage.

Ce fut la dernière fois que Buck vit l'homme avec la massue en bois.

Det var det siste Buck noensinne så til mannen med trekjøllen.

Depuis le pont du Narval, il regardait Seattle disparaître au loin.

Fra Narhvalens dekk så han Seattle forsvinne i det fjerne.

C'était aussi la dernière fois qu'il voyait le chaud Southland.

Det var også siste gang han noensinne så det varme Sørlandet.

Perrault les emmena sous le pont et les laissa à François.

Perrault tok dem med under dekk og etterlot dem hos François.

François était un géant au visage noir, aux mains rugueuses et calleuses.

François var en svartansiktet kjempe med grove, hardhudede hender.

Il était brun et basané; un métis franco-canadien.

Han var mørk og lubne; en halvblods fransk-kanadisk mann.

Pour Buck, ces hommes étaient d'un genre qu'il n'avait jamais vu auparavant.

For Buck var disse mennene av et slag han aldri hadde sett før.

Il allait connaître beaucoup d'autres hommes de ce genre dans les jours qui suivirent.

Han ville bli kjent med mange slike menn i dagene som kom.

Il ne s'est pas attaché à eux, mais il a appris à les respecter.

Han ble ikke glad i dem, men han lærte å respektere dem.

Ils étaient justes et sages, et ne se laissaient pas facilement tromper par un chien.

De var rettferdige og kloke, og lot seg ikke lure av noen hund.

Ils jugeaient les chiens avec calme et ne les punissaient que lorsqu'ils le méritaient.

De dømte hunder rolig, og straffet bare når de var fortjent.

Sur le pont inférieur du Narwhal, Buck et Curly ont rencontré deux chiens.

På Narhvalens nedre dekk møtte Buck og Krøllete to hunder.

L'un d'eux était un grand chien blanc venu du lointain et glacial Spitzberg.

Den ene var en stor hvit hund fra det fjerne, iskalde Spitsbergen.

Il avait autrefois navigué avec un baleinier et rejoint un groupe d'enquête.

Han hadde en gang seilt med en hvalfangstmann og blitt med i en kartleggingsgruppe.

Il était amical d'une manière sournoise, sournoise et rusée.

Han var vennlig på en slu, underhånds og utspekulert måte.

Lors de leur premier repas, il a volé un morceau de viande dans la poêle de Buck.

Ved deres første måltid stjal han et stykke kjøtt fra Bucks panne.

Buck sauta pour le punir, mais le fouet de François frappa en premier.

Buck hoppet for å straffe ham, men François' pisk traff først.

Le voleur blanc hurla et Buck récupéra l'os volé.

Den hvite tyven hylte, og Buck tok tilbake det stjålne beinet.

Cette équité impressionna Buck, et François gagna son respect.

Den rettferdigheten imponerte Buck, og François fortjente hans respekt.

L'autre chien ne lui a pas adressé de salut et n'en a pas voulu en retour.

Den andre hunden hilste ikke, og ville ikke ha noe tilbake.

Il ne volait pas de nourriture et ne reniflait pas les nouveaux arrivants avec intérêt.

Han stjal ikke mat, og snufset heller ikke interessert på de nyankomne.

Ce chien était sinistre et calme, sombre et lent.

Denne hunden var dyster og stille, dyster og treg i bevegelse.

Il a averti Curly de rester à l'écart en la regardant simplement.

Han advarte Krøllete om å holde seg unna ved å bare stirre på henne.

Son message était clair : laissez-moi tranquille ou il y aura des problèmes.

Beskjeden hans var klar: la meg være i fred, ellers blir det trøbbel.

Il s'appelait Dave et il remarquait à peine son environnement.

Han ble kalt Dave, og han la knapt merke til omgivelsene sine.

Il dormait souvent, mangeait tranquillement et bâillait de temps en temps.

Han sov ofte, spiste stille og gjespet nå og da.

Le navire ronronnait constamment avec le battement de l'hélice en dessous.

Skipet summet konstant med den bankende propellen nedenfor.

Les jours passèrent sans grand changement, mais le temps devint plus froid.

Dagene gikk med få forandringer, men været ble kaldere.

Buck pouvait le sentir dans ses os et remarqua que les autres le faisaient aussi.

Buck kunne føle det i knoklene sine, og la merke til at de andre gjorde det også.

Puis un matin, l'hélice s'est arrêtée et tout est redevenu calme.

Så en morgen stoppet propellen, og alt ble stående stille.

Une énergie parcourut le vaisseau ; quelque chose avait changé.

En energi feide gjennom skipet; noe hadde forandret seg.

François est descendu, les a attachés en laisse et les a remontés.

François kom ned, festet dem i bånd og førte dem opp.

Buck sortit et trouva le sol doux, blanc et froid.

Buck gikk ut og fant bakken myk, hvit og kald.

Il sursauta en arrière, alarmé, et renifla, totalement confus.

Han hoppet tilbake i alarm og fnøs i full forvirring.

Une étrange substance blanche tombait du ciel gris.

Merkelige hvite ting falt fra den grå himmelen.

Il se secoua, mais les flocons blancs continuaient à atterrir sur lui.

Han ristet på seg, men de hvite flakene fortsatte å lande på ham.

Il renifla soigneusement la substance blanche et lécha quelques morceaux glacés.

Han snuste forsiktig på den hvite substansen og slikket på noen iskalde biter.

La poudre brûla comme du feu, puis disparut de sa langue.

Pulveret brant som ild, før det forsvant rett fra tungen hans.

Buck essaya à nouveau, intrigué par l'étrange froideur qui disparaissait.

Buck prøvde igjen, forvirret av den merkelige, forsvinnende kulden.

Les hommes autour de lui rirent et Buck se sentit gêné.

Mennene rundt ham lo, og Buck følte seg flau.

Il ne savait pas pourquoi, mais il avait honte de sa réaction.

Han visste ikke hvorfor, men han skammet seg over reaksjonen sin.

C'était sa première expérience avec la neige, et cela le dérouta.

Det var hans første erfaring med snø, og det forvirret ham.

La loi du gourdin et des crocs
Loven om kølle og fang

Le premier jour de Buck sur la plage de Dyea ressemblait à un terrible cauchemar.

Bucks første dag på Dyea-stranden føltes som et forferdelig mareritt.

Chaque heure apportait de nouveaux chocs et des changements inattendus pour Buck.

Hver time brakte nye sjokk og uventede forandringer for Buck.

Il avait été arraché à la civilisation et jeté dans un chaos sauvage.

Han hadde blitt trukket ut av sivilisasjonen og kastet ut i et vilt kaos.

Ce n'était pas une vie ensoleillée et paresseuse, faite d'ennui et de repos.

Dette var ikke noe solrikt, lat liv med kjedsomhet og hvile.

Il n'y avait pas de paix, pas de repos, et pas un instant sans danger.

Det var ingen fred, ingen hvile og intet øyeblikk uten fare.

La confusion régnait sur tout et le danger était toujours proche.

Forvirring hersket over alt, og faren var alltid nær.

Buck devait rester vigilant car ces hommes et ces chiens étaient différents.

Buck måtte være årvåken fordi disse mennene og hundene var forskjellige.

Ils n'étaient pas originaires des villes ; ils étaient sauvages et sans pitié.

De var ikke fra byer; de var ville og uten nåde.

Ces hommes et ces chiens ne connaissaient que la loi du gourdin et des crocs.

Disse mennene og hundene kjente bare loven om kølle og hoggtennen.

Buck n'avait jamais vu de chiens se battre comme ces huskies sauvages.

Buck hadde aldri sett hunder slåss slik som disse ville huskyene.

Sa première expérience lui a appris une leçon qu'il n'oublierait jamais.

Hans første erfaring lærte ham en lekse han aldri ville glemme.

Il a eu de la chance que ce ne soit pas lui, sinon il serait mort aussi.

Han var heldig at det ikke var ham, ellers ville han også ha dødd.

Curly était celui qui souffrait tandis que Buck regardait et apprenait.

Det var Krøllete som led mens Buck så på og lærte.

Ils avaient installé leur campement près d'un magasin construit en rondins.

De hadde slått leir i nærheten av et lager bygget av tømmerstokker.

Curly a essayé d'être amical avec un grand husky ressemblant à un loup.

Krøllete prøvde å være vennlig mot en stor, ulvelignende husky.

Le husky était plus petit que Curly, mais avait l'air sauvage et méchant.

Huskyen var mindre enn Krøllete, men så vill og slem ut.

Sans prévenir, il a sauté et lui a ouvert le visage.

Uten forvarsel hoppet han og skar opp ansiktet hennes.

Ses dents lui coupèrent l'œil jusqu'à sa mâchoire en un seul mouvement.

Tennene hans skar fra øyet hennes og ned til kjeven hennes i ett trekk.

C'est ainsi que les loups se battaient : ils frappaient vite et sautaient loin.

Slik kjempet ulver – slo raskt og hoppet unna.

Mais il y avait plus à apprendre que de cette seule attaque.

Men det var mer å lære enn av det ene angrepet.

Des dizaines de huskies se sont précipités et ont formé un cercle silencieux.

Dusinvis av huskyer stormet inn og dannet en stille sirkel.

Ils regardaient attentivement et se léchaient les lèvres avec faim.

De så nøye på og slikket seg om leppene av sult.

Buck ne comprenait pas leur silence ni leurs regards avides.

Buck forsto ikke tausheten deres eller de ivrige blikkene deres.

Curly s'est précipité pour attaquer le husky une deuxième fois.

Krøllete skyndte seg for å angripe huskyen for andre gang.

Il a utilisé sa poitrine pour la renverser avec un mouvement puissant.

Han brukte brystet til å velte henne med et kraftig bevegelse.

Elle est tombée sur le côté et n'a pas pu se relever.

Hun falt på siden og klarte ikke å reise seg igjen.

C'est ce que les autres attendaient depuis le début.

Det var det de andre hadde ventet på hele tiden.

Les huskies ont sauté sur elle, hurlant et grognant avec frénésie.

Huskiene hoppet på henne, hylte og knurret i et vanvidd.

Elle a crié alors qu'ils l'enterraient sous un tas de chiens.

Hun skrek mens de begravde henne under en haug med hunder.

L'attaque fut si rapide que Buck resta figé sur place sous le choc.

Angrepet var så raskt at Buck frøs til av sjokk.

Il vit Spitz tirer la langue d'une manière qui ressemblait à un rire.

Han så Spitz strekke ut tungen på en måte som lignet en latter.

François a attrapé une hache et a couru droit vers le groupe de chiens.

François grep en øks og løp rett inn i hundeflokken.

Trois autres hommes ont utilisé des gourdins pour aider à repousser les huskies.

Tre andre menn brukte køller for å hjelpe med å jage bort huskyene.

En seulement deux minutes, le combat était terminé et les chiens avaient disparu.

På bare to minutter var kampen over og hundene var borte.

Curly gisait morte dans la neige rouge et piétinée, son corps déchiré.

Krøllete lå død i den røde, nedtrampede snøen, kroppen hennes revet i stykker.

Un homme à la peau sombre se tenait au-dessus d'elle, maudissant la scène brutale.

En mørkhudet mann sto over henne og forbannet den brutale scenen.

Le souvenir est resté avec Buck et a hanté ses rêves la nuit.

Minnet ble værende hos Buck og hjemsøkte drømmene hans om natten.

C'était comme ça ici : pas d'équité, pas de seconde chance.

Det var måten det var her; ingen rettferdighet, ingen ny sjanse.

Une fois qu'un chien tombait, les autres le tuaient sans pitié.

Når en hund falt, ville de andre drepe uten nåde.

Buck décida alors qu'il ne se permettrait jamais de tomber.

Buck bestemte seg da for at han aldri skulle tillate seg selv å falle.

Spitz tira à nouveau la langue et rit du sang.

Spitz stakk ut tungen igjen og lo av blodet.

À partir de ce moment-là, Buck détesta Spitz de tout son cœur.

Fra det øyeblikket av hatet Buck Spitz av hele sitt hjerte.

Avant que Buck ne puisse se remettre de la mort de Curly, quelque chose de nouveau s'est produit.

Før Buck rakk å komme seg etter Krølletes død, skjedde det noe nytt.

François s'est approché et a attaché quelque chose autour du corps de Buck.

François kom bort og bandt noe rundt Bucks kropp.

C'était un harnais comme ceux utilisés sur les chevaux du ranch.

Det var en sele som de som brukes på hester på ranchen.

Comme Buck avait vu les chevaux travailler, il devait maintenant travailler aussi.

Akkurat som Buck hadde sett hester arbeide, måtte han nå også arbeide.

Il a dû tirer François sur un traîneau dans la forêt voisine.

Han måtte trekke François på en slede inn i skogen i nærheten.

Il a ensuite dû ramener une lourde charge de bois de chauffage.

Så måtte han dra tilbake et lass med tung ved.

Buck était fier, donc cela lui faisait mal d'être traité comme un animal de travail.

Buck var stolt, så det såret ham å bli behandlet som et arbeidsdyr.

Mais il était sage et n'a pas essayé de lutter contre la nouvelle situation.

Men han var klok og prøvde ikke å kjempe mot den nye situasjonen.

Il a accepté sa nouvelle vie et a donné le meilleur de lui-même dans chaque tâche.

Han aksepterte sitt nye liv og ga sitt beste i enhver oppgave.

Tout ce qui concernait ce travail lui était étrange et inconnu.

Alt ved arbeidet var merkelig og uvant for ham.

François était strict et exigeait l'obéissance sans délai.

François var streng og krevde lydighet uten forsinkelse.

Son fouet garantissait que chaque ordre soit exécuté immédiatement.

Pisken hans sørget for at hver kommando ble fulgt med en gang.

Dave était le conducteur du traîneau, le chien le plus proche du traîneau derrière Buck.

Dave var sledens sjåfør, hunden nærmest sleden bak Buck.

Dave mordait Buck sur les pattes arrière s'il faisait une erreur.

Dave bet Buck i bakbeina hvis han gjorde en feil.

Spitz était le chien de tête, compétent et expérimenté dans ce rôle.

Spitz var lederhunden, dyktig og erfaren i rollen.

Spitz ne pouvait pas atteindre Buck facilement, mais il le corrigea quand même.

Spitz klarte ikke å nå Buck lett, men korrigerte ham likevel.

Il grognait durement ou tirait le traîneau d'une manière qui enseignait à Buck.

Han knurret hardt eller trakk sleden på måter som lærte Buck.

Grâce à cette formation, Buck a appris plus vite que ce qu'ils avaient imaginé.

Under denne opplæringen lærte Buck raskere enn noen av dem forventet.

Il a travaillé dur et a appris de François et des autres chiens.

Han jobbet hardt og lærte av både François og de andre hundene.

À leur retour, Buck connaissait déjà les commandes clés.

Da de kom tilbake, kunne Buck allerede nøkkelkommandoene.

Il a appris à s'arrêter au son « ho » de François.

Han lærte å stoppe ved lyden av «ho» fra François.

Il a appris quand il a dû tirer le traîneau et courir.

Han lærte når han måtte trekke sleden og løpe.

Il a appris à tourner largement dans les virages du sentier sans difficulté.

Han lærte å svinge bredt i svinger på stien uten problemer.

Il a également appris à éviter Dave lorsque le traîneau descendait rapidement.

Han lærte også å unngå Dave når sleden gikk fort nedoverbakke.

« Ce sont de très bons chiens », dit fièrement François à Perrault.

«De er veldig flinke hunder», sa François stolt til Perrault.

« Ce Buck tire comme un dingue, je lui apprends vite fait. »

«Den Bucken drar som bare det – jeg lærer ham opp så fort som ingenting.»

Plus tard dans la journée, Perrault est revenu avec deux autres chiens husky.

Senere samme dag kom Perrault tilbake med to huskyhunder til.

Ils s'appelaient Billee et Joe, et ils étaient frères.

De hette Billee og Joe, og de var brødre.

Ils venaient de la même mère, mais ne se ressemblaient pas du tout.

De kom fra samme mor, men var ikke like i det hele tatt.

Billee était de nature douce et très amicale avec tout le monde.

Billee var godhjertet og altfor vennlig med alle.

Joe était tout le contraire : calme, en colère et toujours en train de grogner.

Joe var det motsatte – stille, sint og alltid knurrende.

Buck les a accueillis de manière amicale et s'est montré calme avec eux deux.

Buck hilste vennlig på dem og var rolig med begge.

Dave ne leur prêta aucune attention et resta silencieux comme d'habitude.

Dave brydde seg ikke om dem og forble taus som vanlig.

Spitz a attaqué d'abord Billee, puis Joe, pour montrer sa domination.

Spitz angrep først Billee, deretter Joe, for å vise sin dominans.

Billee remua la queue et essaya d'être amical avec Spitz.

Billee logret med halen og prøvde å være vennlig mot Spitz.

Lorsque cela n'a pas fonctionné, il a essayé de s'enfuir à la place.

Da det ikke fungerte, prøvde han å stikke av i stedet.

Il a pleuré tristement lorsque Spitz l'a mordu fort sur le côté.

Han gråt dystert da Spitz bet ham hardt i siden.

Mais Joe était très différent et refusait d'être intimidé.

Men Joe var veldig annerledes og nektet å bli mobbet.

Chaque fois que Spitz s'approchait, Joe se retournait pour lui faire face rapidement.

Hver gang Spitz kom nær, snudde Joe seg raskt for å møte ham.

Sa fourrure se hérissa, ses lèvres se retroussèrent et ses dents claquèrent sauvagement.

Pelsen hans strittet, leppene hans krøllet seg, og tennene hans knakk vilt.

Les yeux de Joe brillaient de peur et de rage, défiant Spitz de frapper.

Joes øyne glitret av frykt og raseri, og utfordret Spitz til å slå til.

Spitz abandonna le combat et se détourna, humilié et en colère.

Spitz ga opp kampen og snudde seg bort, ydmyket og sint.

Il a déversé sa frustration sur le pauvre Billee et l'a chassé.

Han lot frustrasjonen sin gå ut over stakkars Billee og jaget ham vekk.

Ce soir-là, Perrault ajouta un chien de plus à l'équipe.

Den kvelden la Perrault til enda en hund i spannet.

Ce chien était vieux, maigre et couvert de cicatrices de guerre.

Denne hunden var gammel, mager og dekket av arr fra krigsår.

L'un de ses yeux manquait, mais l'autre brillait de puissance.

Det ene øyet hans manglet, men det andre glitret av kraft.

Le nom du nouveau chien était Solleks, ce qui signifiait « celui qui est en colère ».

Den nye hundens navn var Solleks, som betydde Den Sinte.

Comme Dave, Solleks ne demandait rien aux autres et ne donnait rien en retour.

I likhet med Dave ba Solleks ikke om noe fra andre, og ga ingenting tilbake.

Lorsque Solleks entra lentement dans le camp, même Spitz resta à l'écart.

Da Solleks gikk sakte inn i leiren, holdt selv Spitz seg unna.

Il avait une étrange habitude que Buck a eu la malchance de découvrir.

Han hadde en merkelig vane som Buck var uheldig å oppdage.

Solleks détestait qu'on l'approche du côté où il était aveugle.

Solleks hatet å bli kontaktet fra den siden hvor han var blind.

Buck ne le savait pas et a fait cette erreur par accident.

Buck visste ikke dette og gjorde den feilen ved et uhell.

Solleks se retourna et frappa l'épaule de Buck profondément et rapidement.

Solleks snudde seg rundt og skar Buck dypt og raskt i skulderen.

À partir de ce moment, Buck ne s'est plus jamais approché du côté aveugle de Solleks.

Fra det øyeblikket av kom Buck aldri i nærheten av Solleks' blinde side.

Ils n'ont plus jamais eu de problèmes pendant le reste de leur temps ensemble.

De hadde aldri problemer igjen resten av tiden de var sammen.

Solleks voulait seulement être laissé seul, comme le calme Dave.

Solleks ville bare bli i fred, som stille Dave.

Mais Buck apprendra plus tard qu'ils avaient chacun un autre objectif secret.

Men Buck skulle senere få vite at de hver hadde et annet hemmelig mål.

Cette nuit-là, Buck a dû faire face à un nouveau défi troublant : comment dormir.

Den natten sto Buck overfor en ny og problematisk utfordring – hvordan han skulle sove.

La tente brillait chaleureusement à la lumière des bougies dans le champ enneigé.

Teltet glødet varmt av levende lys i den snødekte feltet.

Buck entra, pensant qu'il pourrait se reposer là comme avant.

Buck gikk inn og tenkte at han kunne hvile der som før.

Mais Perrault et François lui criaient dessus et lui jetaient des casseroles.

Men Perrault og François ropte til ham og kastet panner.

Choqué et confus, Buck s'est enfui dans le froid glacial.

Sjokkert og forvirret løp Buck ut i den iskalde kulden.

Un vent glacial piquait son épaule blessée et lui gelait les pattes.

En bitter vind sved i den sårede skulderen hans og frøs til frøs potene hans.

Il s'est allongé dans la neige et a essayé de dormir à la belle étoile.

Han la seg ned i snøen og prøvde å sove ute i det fri.

Mais le froid l'obligea bientôt à se relever, tremblant terriblement.

Men kulden tvang ham snart til å reise seg igjen, skjelvende.

Il erra dans le camp, essayant de trouver un endroit plus chaud.

Han vandret gjennom leiren og prøvde å finne et varmere sted.

Mais chaque coin était aussi froid que le précédent.

Men hvert hjørne var like kaldt som det forrige.

Parfois, des chiens sauvages sautaient sur lui dans l'obscurité.

Noen ganger hoppet ville hunder mot ham fra mørket.

Buck hérissa sa fourrure, montra ses dents et grogna en signe d'avertissement.

Buck strittet i pelsen, viste tennene og glefset advarende.

Il apprenait vite et les autres chiens reculaient rapidement.

Han lærte fort, og de andre hundene trakk seg raskt unna.

Il n'avait toujours pas d'endroit où dormir et ne savait pas quoi faire.

Likevel hadde han ikke noe sted å sove, og ante ikke hva han skulle gjøre.

Finalement, une pensée lui vint : aller voir ses coéquipiers.

Endelig slo ham en tanke – sjekke hvordan det går med lagkameratene sine.

Il est retourné dans leur région et a été surpris de les trouver partis.

Han dro tilbake til området deres og ble overrasket over å finne dem borte.

Il chercha à nouveau dans le camp, mais ne parvint toujours pas à les trouver.

Igjen lette han gjennom leiren, men fant dem fortsatt ikke.

Il savait qu'ils ne pouvaient pas être dans la tente, sinon il le serait aussi.

Han visste at de ikke kunne være i teltet, ellers ville han også være det.

Alors, où étaient passés tous les chiens dans ce camp gelé ?

Så hvor hadde alle hundene blitt av i denne frosne leiren?

Buck, froid et misérable, tournait lentement autour de la tente.

Buck, kald og ulykkelig, sirklet sakte rundt teltet.

Soudain, ses pattes avant s'enfoncèrent dans la neige molle et le surprit.

Plutselig sank forbeina hans ned i den myke snøen og skremte ham.

Quelque chose se tortilla sous ses pieds et il sursauta en arrière, effrayé.

Noe vred seg under føttene hans, og han hoppet bakover i frykt.

Il grogna et grogna, ne sachant pas ce qui se cachait sous la neige.

Han knurret og glefset, uten å vite hva som lå under snøen.

Puis il entendit un petit aboiement amical qui apaisa sa peur.

Så hørte han et vennlig lite bjeff som dempet frykten hans.

Il renifla l'air et s'approcha pour voir ce qui était caché.

Han snuste i luften og kom nærmere for å se hva som var skjult.

Sous la neige, recroquevillée en boule chaude, se trouvait la petite Billee.

Under snøen, krøllet sammen til en varm ball, lå lille Billee.

Billee remua la queue et lécha le visage de Buck pour le saluer.

Billee logret med halen og slikket Buck i ansiktet for å hilse på ham.

Buck a vu comment Billee avait fabriqué un endroit pour dormir dans la neige.

Buck så hvordan Billee hadde laget en soveplass i snøen.

Il avait creusé et utilisé sa propre chaleur pour rester au chaud.

Han hadde gravd seg ned og brukt sin egen varme for å holde seg varm.

Buck avait appris une autre leçon : c'est ainsi que les chiens dormaient.

Buck hadde lært en annen lekse – det var slik hundene sov.

Il a choisi un endroit et a commencé à creuser son propre trou dans la neige.

Han valgte et sted og begynte å grave sitt eget hull i snøen.

Au début, il bougeait trop et gaspillait de l'énergie.

I starten beveget han seg for mye og sløste med energi.

Mais bientôt son corps réchauffa l'espace et il se sentit en sécurité.

Men snart varmet kroppen hans opp rommet, og han følte seg trygg.

Il se recroquevilla étroitement et, peu de temps après, il s'endormit profondément.

Han krøllet seg tett sammen, og det tok ikke lang tid før han sov dypt.

La journée avait été longue et dure, et Buck était épuisé.

Dagen hadde vært lang og hard, og Buck var utslitt.

Il dormait profondément et confortablement, même si ses rêves étaient fous.

Han sov dypt og komfortabelt, selv om drømmene hans var ville.

Il grognait et aboyait dans son sommeil, se tordant pendant qu'il rêvait.

Han knurret og bjeffet i søvne, og vred seg mens han drømte.

Buck ne s'est réveillé que lorsque le camp était déjà en train de prendre vie.

Buck våknet ikke før leiren allerede våknet til liv.

Au début, il ne savait pas où il était ni ce qui s'était passé.

Først visste han ikke hvor han var eller hva som hadde skjedd.

La neige était tombée pendant la nuit et avait complètement enseveli son corps.

Snø hadde falt over natten og begravd kroppen hans fullstendig.

La neige se pressait autour de lui, serrée de tous côtés.

Snøen presset seg tett rundt ham på alle kanter.

Soudain, une vague de peur traversa tout le corps de Buck.

Plutselig fór en bølge av frykt gjennom hele Bucks kropp.

C'était la peur d'être piégé, une peur venue d'instincts profonds.

Det var frykten for å bli fanget, en frykt fra dype instinkter.

Bien qu'il n'ait jamais vu de piège, la peur vivait en lui.

Selv om han aldri hadde sett en felle, levde frykten inni ham.

C'était un chien apprivoisé, mais maintenant ses vieux instincts sauvages se réveillaient.

Han var en tam hund, men nå våknet hans gamle ville instinkter.

Les muscles de Buck se tendirent et sa fourrure se dressa sur tout son dos.

Bucks muskler strammet seg, og pelsen hans reiste seg over hele ryggen.

Il grogna férocement et bondit droit dans la neige.

Han knurret voldsomt og sprang rett opp gjennom snøen.

La neige volait dans toutes les directions alors qu'il faisait irruption dans la lumière du jour.

Snøen fløy i alle retninger idet han brøt ut i dagslyset.

Avant même d'atterrir, Buck vit le camp s'étendre devant lui.

Selv før landing så Buck leiren brede seg ut foran seg.

Il se souvenait de tout ce qui s'était passé la veille, d'un seul coup.

Han husket alt fra dagen før, på en gang.

Il se souvenait d'avoir flâné avec Manuel et d'avoir fini à cet endroit.

Han husket at han spaserte med Manuel og endte opp på dette stedet.

Il se souvenait avoir creusé le trou et s'être endormi dans le froid.

Han husket at han gravde hullet og sovnet i kulden.

Maintenant, il était réveillé et le monde sauvage qui l'entourait était clair.

Nå var han våken, og den ville verden rundt ham var klar.

Un cri de François salua l'apparition soudaine de Buck.

Et rop fra François hyllet Bucks plutselige opptreden.

« Qu'est-ce que j'ai dit ? » cria le conducteur du chien à Perrault.

«Hva sa jeg?» ropte hundeføreren høyt til Perrault.

« Ce Buck apprend vraiment très vite », a ajouté François.

«Den Buck lærer jo så absolutt fort,» la François til.

Perrault hocha gravement la tête, visiblement satisfait du résultat.

Perrault nikket alvorlig, tydelig fornøyd med resultatet.

En tant que courrier pour le gouvernement canadien, il transportait des dépêches.

Som kurer for den kanadiske regjeringen fraktet han forsendelser.

Il était impatient de trouver les meilleurs chiens pour son importante mission.

Han var ivrig etter å finne de beste hundene til sitt viktige oppdrag.

Il se sentait particulièrement heureux maintenant que Buck faisait partie de l'équipe.

Han følte seg spesielt fornøyd nå som Buck var en del av laget.

Trois autres huskies ont été ajoutés à l'équipe en une heure.

Tre nye huskyer ble lagt til teamet i løpet av en time.

Cela porte le nombre total de chiens dans l'équipe à neuf.

Det brakte det totale antallet hunder i laget til ni.

En quinze minutes, tous les chiens étaient dans leurs harnais.

Innen femten minutter var alle hundene i selene sine.

L'équipe de traîneaux remontait le sentier en direction du canyon de Dyea.

Akespannet svingte oppover stien mot Dyea Cañon.

Buck était heureux de partir, même si le travail à venir était difficile.

Buck var glad for å dra, selv om arbeidet som lå foran ham var hardt.

Il s'est rendu compte qu'il ne détestait pas particulièrement le travail ou le froid.

Han fant ut at han ikke spesielt foraktet arbeidet eller kulden.

Il a été surpris par l'empressement qui a rempli toute l'équipe.

Han ble overrasket over iveren som fylte hele laget.

Encore plus surprenant fut le changement qui s'était produit chez Dave et Solleks.

Enda mer overraskende var forandringen som hadde kommet over Dave og Solleks.

Ces deux chiens étaient complètement différents lorsqu'ils étaient attelés.

Disse to hundene var helt forskjellige da de var i sele.

Leur passivité et leur manque d'intérêt avaient complètement disparu.

Deres passivitet og mangel på bekymring hadde forsvunnet fullstendig.

Ils étaient alertes et actifs, et désireux de bien faire leur travail.

De var årvåkne og aktive, og ivrige etter å gjøre jobben sin bra.

Ils s'irritaient violemment à tout ce qui pouvait provoquer un retard ou une confusion.

De ble voldsomt irriterte over alt som forårsaket forsinkelse eller forvirring.

Le travail acharné sur les rênes était le centre de tout leur être.

Det harde arbeidet med tøylene var sentrum for hele deres vesen.

Tirer un traîneau semblait être la seule chose qu'ils appréciaient vraiment.

Aketrekking så ut til å være det eneste de virkelig likte.

Dave était à l'arrière du groupe, le plus proche du traîneau lui-même.

Dave var bakerst i gruppen, nærmest selve sleden.

Buck a été placé devant Dave, et Solleks a dépassé Buck.

Buck ble plassert foran Dave, og Solleks trakk seg foran Buck.

Le reste des chiens était aligné devant eux en file indienne.

Resten av hundene lå langs rekke foran i én rekke.

La position de tête à l'avant était occupée par Spitz.

Lederposisjonen foran ble fylt av Spitz.

Buck avait été placé entre Dave et Solleks pour l'instruction.

Buck hadde blitt plassert mellom Dave og Solleks for instruksjon.

Il apprenait vite et ils étaient des professeurs fermes et compétents.

Han lærte raskt, og de var bestemte og dyktige lærere.

Ils n'ont jamais permis à Buck de rester longtemps dans l'erreur.

De lot aldri Buck forbli i villfarelse lenge.

Ils ont enseigné leurs leçons avec des dents acérées quand c'était nécessaire.

De underviste med skarpe tenner når det var nødvendig.

Dave était juste et faisait preuve d'une sagesse calme et sérieuse.

Dave var rettferdig og viste en stille, seriøs form for visdom.

Il n'a jamais mordu Buck sans une bonne raison de le faire.

Han bet aldri Buck uten en god grunn til det.

Mais il n'a jamais manqué de mordre lorsque Buck avait besoin d'être corrigé.

Men han unnlot aldri å bite når Buck trengte korrigering.

Le fouet de François était toujours prêt et soutenait leur autorité.

François' pisk var alltid klar og støttet opp om autoriteten deres.

Buck a vite compris qu'il valait mieux obéir que riposter.

Buck fant snart ut at det var bedre å adlyde enn å slå tilbake.

Un jour, lors d'un court repos, Buck s'est emmêlé dans les rênes.

En gang, under en kort hvil, viklet Buck seg inn i tøylene.

Il a retardé le départ et a perturbé le mouvement de l'équipe.

Han forsinket starten og forvirret lagets bevegelser.

Dave et Solleks se sont jetés sur lui et lui ont donné une raclée.

Dave og Solleks fór mot ham og ga ham en hard juling.

L'enchevêtrement n'a fait qu'empirer, mais Buck a bien appris sa leçon.

Floken ble bare verre, men Buck lærte leksa si godt.

Dès lors, il garda les rênes tendues et travailla avec soin.

Fra da av holdt han tømmene stramt og arbeidet forsiktig.

Avant la fin de la journée, Buck avait maîtrisé une grande partie de sa tâche.

Før dagen var omme, hadde Buck mestret mye av oppgaven sin.

Ses coéquipiers ont presque arrêté de le corriger ou de le mordre.

Lagkameratene hans holdt nesten på å slutte å korrigere eller bite ham.

Le fouet de François claquait de moins en moins souvent dans l'air.

François' pisk knitret sjeldnere og sjeldnere gjennom luften.

Perrault a même soulevé les pieds de Buck et a soigneusement examiné chaque patte.

Perrault løftet til og med Bucks føtter og undersøkte nøye hver pote.

Cela avait été une journée de course difficile, longue et épuisante pour eux tous.

Det hadde vært en hard løpetur, lang og slitsom for dem alle.

Ils remontèrent le Cañon, traversèrent Sheep Camp et passèrent devant les Scales.

De reiste opp Cañon, gjennom Sheep Camp og forbi Scales.

Ils ont traversé la limite des forêts, puis des glaciers et des congères de plusieurs mètres de profondeur.

De krysset tømmergrensen, deretter isbreer og snøfonner mange meter dype.

Ils ont escaladé la grande et froide chaîne de montagnes Chilkoot Divide.

De klatret den store, kalde og forferdelige Chilkoot-kløften.

Cette haute crête se dressait entre l'eau salée et l'intérieur gelé.

Den høye åskammen lå mellom saltvann og det frosne indre.

Les montagnes protégeaient le Nord triste et solitaire avec de la glace et des montées abruptes.

Fjellene voktet det triste og ensomme Nord med is og bratte stigninger.

Ils ont parcouru à bon rythme une longue chaîne de lacs en aval de la ligne de partage des eaux.

De hadde god tid nedover en lang rekke med innsjøer nedenfor grensen.

Ces lacs remplissaient les anciens cratères de volcans éteints.

Disse innsjøene fylte de gamle kratrene til utdødde vulkaner.

Tard dans la nuit, ils atteignirent un grand camp au bord du lac Bennett.

Sent den kvelden nådde de en stor leir ved Lake Bennett.

Des milliers de chercheurs d'or étaient là, construisant des bateaux pour le printemps.

Tusenvis av gullsøkere var der og bygde båter til våren.

La glace allait bientôt se briser et ils devaient être prêts.

Isen skulle snart bryte opp, og de måtte være forberedt.

Buck creusa son trou dans la neige et tomba dans un profond sommeil.

Buck gravde hullet sitt i snøen og falt i en dyp søvn.

Il dormait comme un ouvrier, épuisé par une dure journée de travail.

Han sov som en arbeider, utmattet etter den harde dagen med slit.

Mais trop tôt dans l'obscurité, il fut tiré de son sommeil.

Men altfor tidlig i mørket ble han dratt ut av søvnen.

Il fut à nouveau attelé avec ses compagnons et attaché au traîneau.

Han ble spennt for sele sammen med kameratene sine igjen og festet til sleden.

Ce jour-là, ils ont parcouru quarante milles, car la neige était bien battue.

Den dagen tilbakela de førti mil, fordi snøen var godt tråkket.

Le lendemain, et pendant plusieurs jours après, la neige était molle.

Dagen etter, og i mange dager etter, var snøen myk.

Ils ont dû faire le chemin eux-mêmes, en travaillant plus dur et en avançant plus lentement.

De måtte lage stien selv, jobbe hardere og bevege seg saktere.

Habituellement, Perrault marchait devant l'équipe avec des raquettes palmées.

Vanligvis gikk Perrault foran laget med truger med svømmehud.

Ses pas ont compacté la neige, facilitant ainsi le déplacement du traîneau.

Skrittene hans pakket snøen, noe som gjorde det lettere for sleden å bevege seg.

François, qui dirigeait depuis le mât, prenait parfois le relais.

François, som styrte fra gee-polen, tok noen ganger over.

Mais il était rare que François prenne les devants

Men det var sjelden at François tok ledelsen

parce que Perrault était pressé de livrer les lettres et les colis.

fordi Perrault hadde det travelt med å levere brevene og pakkene.

Perrault était fier de sa connaissance de la neige, et surtout de la glace.

Perrault var stolt av sin kunnskap om snø, og spesielt is.

Cette connaissance était essentielle, car la glace d'automne était dangereusement mince.

Den kunnskapen var viktig, for høstisen var farlig tynn.

Là où l'eau coulait rapidement sous la surface, il n'y avait pas du tout de glace.

Der vannet rant raskt under overflaten, var det ingen is i det hele tatt.

Jour après jour, la même routine se répétait sans fin.

Dag etter dag gjentok den samme rutinen seg uten ende.

Buck travaillait sans relâche sur les rênes, de l'aube jusqu'à la nuit.

Buck slet uendelig i tømmene fra daggry til natt.

Ils quittèrent le camp dans l'obscurité, bien avant le lever du soleil.

De forlot leiren i mørket, lenge før solen hadde stått opp.

Au moment où le jour se leva, ils avaient déjà parcouru de nombreux kilomètres.

Da dagslyset kom, var mange mil allerede bak dem.

Ils ont installé leur campement après la tombée de la nuit, mangeant du poisson et creusant dans la neige.

De slo leir etter mørkets frembrudd, spiste fisk og gravde seg ned i snøen.

Buck avait toujours faim et n'était jamais vraiment satisfait de sa ration.

Buck var alltid sulten og aldri helt fornøyd med rasjonen sin.

Il recevait une livre et demie de saumon séché chaque jour.

Han fikk halvannet pund tørket laks hver dag.

Mais la nourriture semblait disparaître en lui, laissant la faim derrière elle.

Men maten syntes å forsvinne inni ham, og etterlot sulten.

Il souffrait constamment de la faim et rêvait de plus de nourriture.

Han led av konstant sultfølelse og drømte om mer mat.

Les autres chiens n'ont pris qu'une livre, mais ils sont restés forts.

De andre hundene fikk bare ett pund mat, men de holdt seg sterke.

Ils étaient plus petits et étaient nés dans le mode de vie du Nord.

De var mindre, og hadde blitt født inn i det nordlige livet.

Il perdit rapidement la méticulosité qui avait marqué son ancienne vie.

Han mistet raskt den kresenheten som hadde preget hans gamle liv.

Il avait été un mangeur délicat, mais maintenant ce n'était plus possible.

Han hadde vært en finspiser, men nå var ikke det lenger mulig.

Ses camarades ont terminé premiers et lui ont volé sa ration inachevée.

Kameratene hans ble først ferdige og frarøvet ham den uferdige rasjonen.

Une fois qu'ils ont commencé, il n'y avait aucun moyen de défendre sa nourriture contre eux.

Da de først hadde begynt, var det ingen måte å forsvare maten hans mot dem.

Pendant qu'il combattait deux ou trois chiens, les autres volaient le reste.

Mens han kjempet mot to eller tre hunder, stjal de andre resten.

Pour résoudre ce problème, il a commencé à manger aussi vite que les autres.

For å fikse dette begynte han å spise like fort som de andre spiste.

La faim le poussait tellement qu'il prenait même de la nourriture qui n'était pas la sienne.

Sulten presset ham så hardt at han til og med spiste mat som ikke var sin egen.

Il observait les autres et apprenait rapidement de leurs actions.

Han så på de andre og lærte raskt av handlingene deres.

Il a vu Pike, un nouveau chien, voler une tranche de bacon à Perrault.

Han så Pike, en ny hund, stjele en skive bacon fra Perrault.

Pike avait attendu que Perrault ait le dos tourné pour voler le bacon.

Pike hadde ventet til Perrault ble vendt ryggen til før han stjal baconet.

Le lendemain, Buck a copié Pike et a volé tout le morceau.

Dagen etter kopierte Buck Pike og stjal hele delen.

Un grand tumulte s'ensuivit, mais Buck ne fut pas suspecté.

Et stort oppstyr fulgte, men Buck ble ikke mistenkt.

Dub, un chien maladroit qui se faisait toujours prendre, a été puni à la place.

Dub, en klønete hund som alltid ble tatt, ble straffet i stedet.

Ce premier vol a fait de Buck un chien apte à survivre dans le Nord.

Det første tyveriet markerte Buck som en hund som var skikket til å overleve i Nord.

Il a montré qu'il pouvait s'adapter à de nouvelles conditions et apprendre rapidement.

Han viste at han kunne tilpasse seg nye forhold og lære raskt.

Sans une telle adaptabilité, il serait mort rapidement et gravement.

Uten en slik tilpasningsevne ville han ha dødd raskt og stygt.

Cela a également marqué l'effondrement de sa nature morale et de ses valeurs passées.

Det markerte også sammenbruddet av hans moralske natur og tidligere verdier.

Dans le Southland, il avait vécu sous la loi de l'amour et de la bonté.

I Sørlandet hadde han levd under kjærlighetens og godhetens lov.

Là, il était logique de respecter la propriété et les sentiments des autres chiens.

Der var det fornuftig å respektere eiendom og andre hunders følelser.

Mais le Northland suivait la loi du gourdin et la loi du croc.

Men Nordlandet fulgte loven om kølle og loven om fang.

Quiconque respectait les anciennes valeurs ici était stupide et échouerait.

Den som respekterte gamle verdier her var tåpelig og ville mislykkes.

Buck n'a pas réfléchi à tout cela dans son esprit.

Buck resonnerte ikke alt dette ut i sitt sinn.

Il était en forme et s'est donc adapté sans avoir besoin de réfléchir.

Han var i form, så han justerte seg uten å måtte tenke.

De toute sa vie, il n'avait jamais fui un combat.

Hele livet hadde han aldri rømt fra en slåsskamp.

Mais la massue en bois de l'homme au pull rouge a changé cette règle.

Men trekjøllen til mannen i den røde genseren endret den regelen.

Il suivait désormais un code plus profond et plus ancien, inscrit dans son être.

Nå fulgte han en dypere, eldre kode skrevet inn i hans vesen.

Il ne volait pas par plaisir, mais par faim.

Han stjal ikke av nytelse, men av sultens smerte.

Il n'a jamais volé ouvertement, mais il a volé avec ruse et prudence.

Han ranet aldri åpenlyst, men stjal med list og forsiktighet.

Il a agi par respect pour la massue en bois et par peur du croc.

Han handlet av respekt for trekjøllen og frykt for hoggtannen.

En bref, il a fait ce qui était plus facile et plus sûr que de ne pas le faire.

Kort sagt, han gjorde det som var enklere og tryggere enn å ikke gjøre det.

Son développement – ou peut-être son retour à ses anciens instincts – fut rapide.

Utviklingen hans – eller kanskje tilbakekomsten til gamle instinkter – gikk raskt.

Ses muscles se durcirent jusqu'à devenir aussi forts que du fer.

Musklene hans stivnet til de føltes sterke som jern.

Il ne se souciait plus de la douleur, à moins qu'elle ne soit grave.

Han brydde seg ikke lenger om smerte, med mindre den var alvorlig.

Il est devenu efficace à l'intérieur comme à l'extérieur, ne gaspillant rien du tout.

Han ble effektiv både innvendig og utvendig, og sløste ingenting bort.

Il pouvait manger des choses viles, pourries ou difficiles à digérer.

Han kunne spise ting som var avskyelige, råtne eller vanskelige å fordøye.

Quoi qu'il mange, son estomac utilisait jusqu'au dernier morceau de valeur.

Uansett hva han spiste, brukte magen hans opp hver minste verdi.

Son sang transportait les nutriments loin dans son corps puissant.

Blodet hans fraktet næringsstoffene langt gjennom den kraftige kroppen hans.

Cela a créé des tissus solides qui lui ont donné une endurance incroyable.

Dette bygde opp sterkt vev som ga ham utrolig utholdenhet.

Sa vue et son odorat sont devenus beaucoup plus sensibles qu'avant.

Synet og luktesansen hans ble mye mer følsom enn før.

Son ouïe est devenue si fine qu'il pouvait détecter des sons faibles pendant son sommeil.

Hørselen hans ble så skarp at han kunne oppfatte svake lyder i søvne.

Il savait dans ses rêves si les sons signifiaient sécurité ou danger.

Han visste i drømmene sine om lydene betydde sikkerhet eller fare.

Il a appris à mordre la glace entre ses orteils avec ses dents.

Han lærte å bite i isen mellom tærne med tennene.

Si un point d'eau gelait, il brisait la glace avec ses jambes.

Hvis et vannhull frøs til, ville han knekke isen med beina.

Il se cabra et frappa violemment la glace avec ses membres antérieurs raides.

Han reiste seg opp og slo hardt i isen med stive forbein.

Sa capacité la plus frappante était de prédire les changements de vent pendant la nuit.

Hans mest slående evne var å forutsi vindendringer over natten.

Même lorsque l'air était calme, il choisissait des endroits abrités du vent.

Selv når luften var stille, valgte han steder skjermet for vind.

Partout où il creusait son nid, le vent du lendemain le passait à côté de lui.

Uansett hvor han gravde reiret sitt, blåste neste dags vind forbi ham.

Il finissait toujours par se blottir et se protéger, sous le vent.

Han endte alltid opp med å ligge lunt og beskyttet, i le av brisen.

Buck n'a pas seulement appris par l'expérience : son instinct est également revenu.

Buck lærte ikke bare av erfaring – instinktene hans kom også tilbake.

Les habitudes des générations domestiquées ont commencé à disparaître.

Vanene til tamme generasjoner begynte å falle bort.

De manière vague, il se souvenait des temps anciens de sa race.

På vage måter husket han oldtiden til sin rase.

Il repensa à l'époque où les chiens sauvages couraient en meute dans les forêts.

Han tenkte tilbake på den gang ville hunder løp i flokk gjennom skoger.

Ils avaient poursuivi et tué leur proie en la poursuivant.

De hadde jaget og drept byttet sitt mens de løp nedover det.

Il était facile pour Buck d'apprendre à se battre avec force et rapidité.

Det var lett for Buck å lære å slåss med tann og fart.

Il utilisait des coupures, des entailles et des coups rapides, tout comme ses ancêtres.

Han brukte kutt, skråstrek og raske snaps akkurat som sine forfedre.

Ces ancêtres se sont réveillés en lui et ont réveillé sa nature sauvage.

Disse forfedrene rørte seg i ham og vekket hans ville natur.

Leurs anciennes compétences lui avaient été transmises par le sang.

De gamle ferdighetene deres hadde blitt arvet av ham gjennom blodslinjen.

Leurs tours étaient désormais à lui, sans besoin de pratique ni d'effort.
Nå var triksene deres hans, uten behov for øvelse eller anstrengelse.

Lors des nuits calmes et froides, Buck levait le nez et hurlait.
På stille, kalde netter løftet Buck nesen og hylte.
Il hurla longuement et profondément, comme le faisaient les loups autrefois.
Han hylte lenge og dypt, slik ulver hadde gjort for lenge siden.
À travers lui, ses ancêtres morts pointaient leur nez et hurlaient.
Gjennom ham pekte hans avdøde forfedre nesen og hylte.
Ils ont hurlé à travers les siècles avec sa voix et sa forme.
De hylte ned gjennom århundrene i stemmen og skikkelsen hans.
Ses cadences étaient les leurs, de vieux cris qui parlaient de chagrin et de froid.
Kadensene hans var deres, gamle rop som fortalte om sorg og kulde.
Ils chantaient l'obscurité, la faim et le sens de l'hiver.
De sang om mørke, om sult og vinterens betydning.
Buck a prouvé que la vie est façonnée par des forces qui nous dépassent.
Buck beviste hvordan livet formes av krefter utenfor en selv,
L'ancienne chanson s'éleva à travers Buck et s'empara de son âme.
den eldgamle sangen steg gjennom Buck og grep sjelen hans.
Il s'est retrouvé parce que les hommes avaient trouvé de l'or dans le Nord.
Han fant seg selv fordi menn hadde funnet gull i Nord.
Et il s'est retrouvé parce que Manuel, l'aide du jardinier, avait besoin d'argent.
Og han fant seg selv fordi Manuel, gartnerens hjelper, trengte penger.

La Bête Primordiale Dominante
Det dominerende urbeistet

La bête primordiale dominante était aussi forte que jamais en Buck.

Det dominerende urbeistet var like sterkt som alltid i Buck.

Mais la bête primordiale dominante sommeillait en lui.

Men det dominerende urbeistet hadde ligget i dvale i ham.

La vie sur le sentier était dure, mais elle renforçait la bête qui sommeillait en Buck.

Livet på stiene var hardt, men det styrket dyret inni Buck.

Secrètement, la bête devenait de plus en plus forte chaque jour.

I hemmelighet ble udyret sterkere og sterkere for hver dag.

Mais cette croissance intérieure est restée cachée au monde extérieur.

Men den indre veksten forble skjult for omverdenen.

Une force primordiale, calme et tranquille, se construisait à l'intérieur de Buck.

En stille og rolig urkraft bygde seg opp inni Buck.

Une nouvelle ruse a donné à Buck l'équilibre, le calme, le contrôle et l'équilibre.

Ny list ga Buck balanse, rolig kontroll og holdning.

Buck s'est concentré sur son adaptation, sans jamais se sentir complètement détendu.

Buck fokuserte hardt på å tilpasse seg, og følte seg aldri helt avslappet.

Il évitait les conflits, ne déclenchait jamais de bagarres et ne cherchait jamais les ennuis.

Han unngikk konflikter, startet aldri slåsskamper eller søkte bråk.

Une réflexion lente et constante façonnait chaque mouvement de Buck.

En langsom, jevn omtanke formet hver eneste bevegelse av Buck.

Il évitait les choix irréfléchis et les décisions soudaines et imprudentes.

Han unngikk forhastede valg og plutselige, hensynsløse avgjørelser.

Bien que Buck détestait profondément Spitz, il ne lui montrait aucune agressivité.

Selv om Buck hatet Spitz dypt, viste han ham ingen aggresjon.

Buck n'a jamais provoqué Spitz et a gardé ses actions contenues.

Buck provoserte aldri Spitz, og holdt handlingene sine tilbakeholdne.

Spitz, de son côté, sentait le danger grandissant chez Buck.

Spitz, derimot, ante den økende faren i Buck.

Il considérait Buck comme une menace et un sérieux défi à son pouvoir.

Han så på Buck som en trussel og en alvorlig utfordring mot sin makt.

Il profitait de chaque occasion pour grogner et montrer ses dents acérées.

Han benyttet enhver anledning til å knurre og vise frem de skarpe tennene sine.

Il essayait de déclencher le combat mortel qui devait avoir lieu.

Han prøvde å starte den dødelige kampen som måtte komme.

Au début du voyage, une bagarre a failli éclater entre eux.

Tidlig på turen holdt det på å brøt ut en slåsskamp mellom dem.

Mais un accident inattendu a empêché le combat d'avoir lieu.

Men en uventet ulykke stoppet kampen.

Ce soir-là, ils installèrent leur campement sur le lac Le Barge, extrêmement froid.

Den kvelden slo de leir ved den bitende kalde innsjøen Le Barge.

La neige tombait fort et le vent soufflait comme un couteau.

Snøen falt kraftig, og vinden skar som en kniv.

La nuit était venue trop vite et l'obscurité les entourait.

Natten kom altfor fort, og mørket omsluttet dem.

Ils n'auraient pas pu choisir un pire endroit pour se reposer.

De kunne knapt ha valgt et verre sted for hvile.

Les chiens cherchaient désespérément un endroit où se coucher.

Hundene lette desperat etter et sted å ligge.

Un haut mur de roche s'élevait abruptement derrière le petit groupe.

En høy fjellvegg reiste seg bratt bak den lille gruppen.

La tente avait été laissée à Dyea pour alléger la charge.

Teltet hadde blitt etterlatt i Dyea for å lette byrden.

Ils n'avaient pas d'autre choix que d'allumer le feu sur la glace elle-même.

De hadde ikke noe annet valg enn å lage bålet på selve isen.

Ils étendent leurs robes de nuit directement sur le lac gelé.

De spredte sovekåpene sine rett på den frosne innsjøen.

Quelques bâtons de bois flotté leur ont donné un peu de feu.

Noen få drivvedstokker ga dem litt ild.

Mais le feu s'est allumé sur la glace et a fondu à travers elle.

Men ilden ble tent på isen, og tint gjennom den.

Finalement, ils mangeaient leur dîner dans l'obscurité.

Til slutt spiste de kveldsmaten sin i mørket.

Buck s'est recroquevillé près du rocher, à l'abri du vent froid.

Buck krøllet seg sammen ved siden av steinen, ly for den kalde vinden.

L'endroit était si chaud et sûr que Buck détestait déménager.

Stedet var så varmt og trygt at Buck hatet å flytte seg vekk.

Mais François avait réchauffé le poisson et distribuait les rations.

Men François hadde varmet fisken og delte ut rasjoner.

Buck finit de manger rapidement et retourna dans son lit.

Buck ble raskt ferdig med å spise og gikk tilbake til sengen sin.

Mais Spitz était maintenant allongé là où Buck avait fait son lit.

Men Spitz lå nå der Buck hadde redd opp sengen sin.

Un grognement sourd avertit Buck que Spitz refusait de bouger.

Et lavt knurr advarte Buck om at Spitz nektet å røre seg.

Jusqu'à présent, Buck avait évité ce combat avec Spitz.

Frem til nå hadde Buck unngått denne kampen med Spitz.

Mais au plus profond de Buck, la bête s'est finalement libérée.

Men dypt inne i Buck brøt udyret endelig løs.

Le vol de son lieu de couchage était trop difficile à tolérer.

Tyveriet av soveplassen hans var for mye å tolerere.

Buck se lança sur Spitz, plein de colère et de rage.

Buck kastet seg mot Spitz, full av sinne og raseri.

Jusqu'à présent, Spitz pensait que Buck n'était qu'un gros chien.

Frem til nå hadde Spitz trodd at Buck bare var en stor hund.

Il ne pensait pas que Buck avait survécu grâce à son esprit.

Han trodde ikke Buck hadde overlevd gjennom ånden sin.

Il s'attendait à la peur et à la lâcheté, pas à la fureur et à la vengeance.

Han forventet frykt og feighet, ikke raseri og hevn.

François regarda les deux chiens sortir du nid en ruine.

François stirret mens begge hundene braste ut av det ødelagte reiret.

Il comprit immédiatement ce qui avait déclenché cette lutte sauvage.

Han forsto med en gang hva som hadde startet den ville kampen.

« Aa-ah ! » s'écria François en soutien au chien brun.

«Aa-ah!» ropte François til støtte for den brune hunden.

« Frappez-le ! Par Dieu, punissez ce voleur sournois ! »

«Gi ham juling! Ved Gud, straff den lumske tyven!»

Spitz a montré une volonté égale et une impatience folle de se battre.

Spitz viste like stor beredskap og vill iver etter å kjempe.

Il cria de rage tout en tournant rapidement en rond, cherchant une ouverture.

Han ropte ut i raseri mens han sirklet raskt og lette etter en åpning.

Buck a montré la même soif de combat et la même prudence.

Buck viste den samme kamplysten og den samme forsiktigheten.

Il a également encerclé son adversaire, essayant de prendre le dessus dans la bataille.

Han sirklet også rundt motstanderen sin i et forsøk på å få overtaket i kampen.

Puis quelque chose d'inattendu s'est produit et a tout changé.

Så skjedde det noe uventet og forandret alt.

Ce moment a retardé l'éventuelle lutte pour le leadership.

Det øyeblikket forsinket den endelige kampen om lederskapet.

De nombreux kilomètres de piste et de lutte attendaient encore avant la fin.

Mange kilometer med stier og kamp ventet fortsatt før slutten.

Perrault cria un juron tandis qu'une massue frappait un os.

Perrault ropte en ed mens en kølle slo mot et bein.

Un cri aigu de douleur suivit, puis le chaos explosa tout autour.

Et skarpt smertehyl fulgte, deretter eksploderte kaos rundt omkring.

Des formes sombres se déplaçaient dans le camp ; des huskies sauvages, affamés et féroces.

Mørke skikkelser beveget seg i leiren; ville huskyer, sultne og hissige.

Quatre ou cinq douzaines de huskies avaient reniflé le camp de loin.

Fire eller fem dusin huskyer hadde snust på leiren langveisfra.

Ils s'étaient glissés discrètement pendant que les deux chiens se battaient à proximité.

De hadde sneket seg stille inn mens de to hundene sloss i nærheten.

François et Perrault chargèrent en brandissant des massues sur les envahisseurs.

François og Perrault angrep inntrengerne og svingte køller.

Les huskies affamés ont montré les dents et ont riposté avec frénésie.

De sultende huskyene viste tenner og kjempet tilbake i vanvidd.

L'odeur de la viande et du pain les avait chassés de toute peur.

Lukten av kjøtt og brød hadde drevet dem over all frykt.

Perrault battait un chien qui avait enfoui sa tête dans la boîte à nourriture.

Perrault slo en hund som hadde begravd hodet sitt i matkassen.

Le coup a été violent et la boîte s'est retournée, la nourriture s'est répandue.

Slaget traff hardt, esken veltet, og maten rant ut.

En quelques secondes, une vingtaine de bêtes sauvages déchirèrent le pain et la viande.

I løpet av sekunder rev en rekke ville dyr seg i brødet og kjøttet.

Les gourdin masculins ont porté coup sur coup, mais aucun chien ne s'est détourné.

Herreklubbene landet slag etter slag, men ingen hund snudde seg.

Ils hurlaient de douleur, mais se battaient jusqu'à ce qu'il ne reste plus de nourriture.

De hylte av smerte, men kjempet til det ikke var mat igjen.

Pendant ce temps, les chiens de traîneau avaient sauté de leurs lits enneigés.

I mellomtiden hadde sledehundene hoppet opp fra de snødekte sengene sine.

Ils ont été immédiatement attaqués par les huskies vicieux et affamés.

De ble umiddelbart angrepet av de ondsinnede sultne huskyene.

Buck n'avait jamais vu de créatures aussi sauvages et affamées auparavant.

Buck hadde aldri sett så ville og sultne skapninger før.

Leur peau pendait librement, cachant à peine leur squelette.

Huden deres hang løs og skjulte så vidt skjelettene.

Il y avait un feu dans leurs yeux, de faim et de folie

Det var en ild i øynene deres, fra sult og galskap

Il n'y avait aucun moyen de les arrêter, aucune résistance à leur ruée sauvage.

Det var ingen som kunne stoppe dem; ingen kunne motstå deres ville fremmarsj.

Les chiens de traîneau furent repoussés, pressés contre la paroi de la falaise.

Sledehundene ble dyttet tilbake, presset mot klippeveggen.

Trois huskies ont attaqué Buck en même temps, déchirant sa chair.

Tre huskyer angrep Buck samtidig og rev ham i kjøttet.

Du sang coulait de sa tête et de ses épaules, là où il avait été coupé.

Blod strømmet fra hodet og skuldrene hans, der han hadde blitt kuttet.

Le bruit remplissait le camp : grognements, cris et cris de douleur.

Støyen fylte leiren; knurring, hyling og smerteskrik.

Billee pleurait fort, comme d'habitude, prise dans la mêlée et la panique.

Billee gråt høyt, som vanlig, fanget i striden og panikken.

Dave et Solleks se tenaient côte à côte, saignant mais provocants.

Dave og Solleks sto side om side, blødende, men trassige.

Joe s'est battu comme un démon, mordant tout ce qui s'approchait.

Joe kjempet som en demon og bet alt som kom i nærheten.

Il a écrasé la jambe d'un husky d'un claquement brutal de ses mâchoires.

Han knuste et bein på en husky med et brutalt knekk med kjevene.

Pike a sauté sur le husky blessé et lui a brisé le cou instantanément.

Gjedde hoppet opp på den sårede huskyen og brakk nakken dens momentant.

Buck a attrapé un husky par la gorge et lui a déchiré la veine.

Buck tok tak i halsen på en husky og rev gjennom en vene.

Le sang gicla et le goût chaud poussa Buck dans une frénésie.

Blod sprutet, og den varme smaken gjorde Buck rasende.

Il s'est jeté sur un autre agresseur sans hésitation.

Han kastet seg mot en annen angriper uten å nøle.

Au même moment, des dents acérées s'enfoncèrent dans la gorge de Buck.

I samme øyeblikk gravde skarpe tenner seg inn i Bucks egen hals.

Spitz avait frappé de côté, attaquant sans avertissement.

Spitz hadde slått til fra siden og angrepet uten forvarsel.

Perrault et François avaient vaincu les chiens en volant la nourriture.

Perrault og François hadde beseiret hundene som stjal maten.

Ils se sont alors précipités pour aider leurs chiens à repousser les attaquants.

Nå skyndte de seg for å hjelpe hundene sine med å slå tilbake angriperne.

Les chiens affamés se retirèrent tandis que les hommes brandissaient leurs gourdins.

De sultende hundene trakk seg tilbake mens mennene svingte køllene sine.

Buck s'est libéré de l'attaque, mais l'évasion a été brève.

Buck brøt seg løs fra angrepet, men flukten var kort.

Les hommes ont couru pour sauver leurs chiens, et les huskies ont de nouveau afflué.

Mennene løp for å redde hundene sine, og huskyene svermet igjen.

Billee, effrayé et courageux, sauta dans la meute de chiens.

Billee, skremt til tapperhet, hoppet inn i hundeflokken.

Mais il s'est alors enfui sur la glace, saisi de terreur et de panique.

Men så flyktet han over isen, i rå redsel og panikk.

Pike et Dub suivaient de près, courant pour sauver leur vie.

Pike og Dub fulgte tett etter og løp for livet.

Le reste de l'équipe s'est séparé et dispersé, les suivant.

Resten av laget brøt ut og spredte seg, og fulgte etter dem.

Buck rassembla ses forces pour courir, mais vit alors un éclair.

Buck samlet krefter for å løpe, men så et glimt.

Spitz s'est jeté sur le côté de Buck, essayant de le faire tomber au sol.

Spitz kastet seg bort til Buck og prøvde å slå ham i bakken.

Sous cette foule de huskies, Buck n'aurait eu aucune échappatoire.

Under den flokken med huskyer ville Buck ikke hatt noen fluktmulighet.

Mais Buck est resté ferme et s'est préparé au coup de Spitz.

Men Buck sto urokkelig og forberedte seg på slaget fra Spitz.

Puis il s'est retourné et a couru sur la glace avec l'équipe en fuite.

Så snudde han seg og løp ut på isen med det flyktende teamet.

Plus tard, les neuf chiens de traîneau se sont rassemblés à l'abri des bois.

Senere samlet de ni sledehundene seg i ly av skogen.

Personne ne les poursuivait plus, mais ils étaient battus et blessés.

Ingen jaget dem lenger, men de ble forslått og såret.

Chaque chien avait des blessures ; quatre ou cinq coupures profondes sur chaque corps.

Hver hund hadde sår; fire eller fem dype kutt på hver kropp.

Dub avait une patte arrière blessée et avait du mal à marcher maintenant.

Dub hadde et skadet bakbein og slet med å gå nå.

Dolly, le nouveau chien de Dyea, avait la gorge tranchée.

Dolly, den nyeste hunden fra Dyea, hadde en overskåret hals.

Joe avait perdu un œil et l'oreille de Billee était coupée en morceaux

Joe hadde mistet et øye, og Billees øre var kuttet i stykker.

Tous les chiens ont crié de douleur et de défaite toute la nuit.

Alle hundene gråt av smerte og nederlag gjennom natten.

À l'aube, ils retournèrent au camp, endoloris et brisés.

Ved daggry krøp de tilbake til leiren, støle og ødelagte.

Les huskies avaient disparu, mais le mal était fait.

Huskiene var forsvunnet, men skaden var skjedd.

Perrault et François étaient de mauvaise humeur à cause de la ruine.

Perrault og François sto i dårlig humør over ruinene.

La moitié de la nourriture avait disparu, volée par les voleurs affamés.

Halvparten av maten var borte, stjålet av de sultne tyvene.

Les huskies avaient déchiré les fixations et la toile du traîneau.

Huskiene hadde revet seg gjennom sledebindinger og kalesje.

Tout ce qui avait une odeur de nourriture avait été complètement dévoré.

Alt som luktet av mat hadde blitt fullstendig fortært.

Ils ont mangé une paire de bottes de voyage en peau d'élan de Perrault.

De spiste et par av Perraults reisestøvler av elgskinn.

Ils ont mâché des reis en cuir et ruiné des sangles au point de les rendre inutilisables.

De tygde på lærreiser og ødela stropper som ikke kunne brukes.

François cessa de fixer le fouet déchiré pour vérifier les chiens.

François sluttet å stirre på den avrevne vippen for å sjekke hundene.

« Ah, mes amis », dit-il d'une voix basse et pleine d'inquiétude.

«Å, mine venner», sa han med lav stemme og fylt av bekymring.

« Peut-être que toutes ces morsures vous transformeront en bêtes folles. »

«Kanskje alle disse bittene vil gjøre dere til gale beist.»

« Peut-être que ce sont tous des chiens enragés, sacredam ! Qu'en penses-tu, Perrault ? »

«Kanskje alle gale hunder, hellige! Hva synes du, Perrault?»

Perrault secoua la tête, les yeux sombres d'inquiétude et de peur.

Perrault ristet på hodet, øynene var mørke av bekymring og frykt.

Il y avait encore quatre cents milles entre eux et Dawson.

Fire hundre mil lå fortsatt mellom dem og Dawson.

La folie canine pourrait désormais détruire toute chance de survie.

Hundegalskapen nå kan ødelegge enhver sjanse for å overleve.

Ils ont passé deux heures à jurer et à essayer de réparer le matériel.

De brukte to timer på å banne og prøve å fikse utstyret.

L'équipe blessée a finalement quitté le camp, brisée et vaincue.

Det sårede laget forlot endelig leiren, knust og beseiret.

C'était le sentier le plus difficile jusqu'à présent, et chaque pas était douloureux.

Dette var den vanskeligste løypa hittil, og hvert skritt var smertefullt.

La rivière Thirty Mile n'était pas gelée et coulait à flots.

Thirty Mile-elven hadde ikke frosset til frosset, og fosser vilt.

Ce n'est que dans les endroits calmes et les tourbillons que la glace parvenait à tenir.

Bare i rolige steder og virvlende strømvirvler klarte isen å holde seg.

Six jours de dur labeur se sont écoulés jusqu'à ce que les trente milles soient parcourus.

Seks dager med hardt arbeid gikk før de tretti milene var unnagjort.

Chaque kilomètre parcouru sur le sentier apportait du danger et une menace de mort.

Hver kilometer av stien medførte fare og trussel om død.

Les hommes et les chiens risquaient leur vie à chaque pas douloureux.

Mennene og hundene risikerte livet med hvert smertefulle skritt.

Perrault a franchi des ponts de glace minces à une douzaine de reprises.

Perrault brøt gjennom tynne isbroer et dusin forskjellige ganger.

Il portait une perche et la laissait tomber sur le trou que son corps avait fait.

Han bar en stang og lot den falle over hullet kroppen hans laget.

Plus d'une fois, ce poteau a sauvé Perrault de la noyade.

Mer enn én gang reddet den stangen Perrault fra å drukne.

La vague de froid persistait, l'air était à cinquante degrés en dessous de zéro.

Kuldeperioden holdt seg fast, luften var femti minusgrader.

Chaque fois qu'il tombait, Perrault devait allumer un feu pour survivre.

Hver gang han falt i, måtte Perrault tenne et bål for å overleve.

Les vêtements mouillés gelaient rapidement, alors il les séchait près d'une source de chaleur intense.

Våte klær frøs fort, så han tørket dem i nærheten av brennende hete.

Aucune peur n'a jamais touché Perrault, et cela a fait de lui un courrier.

Perrault var aldri fryktsom, og det gjorde ham til kurér.

Il a été choisi pour le danger, et il l'a affronté avec une résolution tranquille.

Han ble valgt for fare, og han møtte den med stille besluttsomhet.

Il s'avança face au vent, son visage ratatiné et gelé.

Han presset seg frem mot vinden, det innskrumpede ansiktet hans forfrosset.

De l'aube naissante à la tombée de la nuit, Perrault les mena en avant.

Fra svak daggry til nattesøvn ledet Perrault dem videre.

Il marchait sur une étroite bordure de glace qui se fissurait à chaque pas.

Han gikk på smal randis som sprakk for hvert skritt.

Ils n'osaient pas s'arrêter : chaque pause risquait de provoquer un effondrement mortel.

De turte ikke stoppe – hver pause risikerte et dødelig kollaps.

Un jour, le traîneau s'est brisé, entraînant Dave et Buck à l'intérieur.

En gang brøt sleden gjennom og dro Dave og Buck inn.

Au moment où ils ont été libérés, tous deux étaient presque gelés.

Da de ble dratt løs, var begge nesten forfrosne.

Les hommes ont rapidement allumé un feu pour garder Buck et Dave en vie.

Mennene tente raskt et bål for å holde Buck og Dave i live.

Les chiens étaient recouverts de glace du nez à la queue, raides comme du bois sculpté.

Hundene var dekket av is fra snute til hale, stive som utskåret treverk.

Les hommes les faisaient courir en rond près du feu pour décongeler leurs corps.

Mennene løp med dem i sirkler nær bålet for å tine kroppene deres.

Ils se sont approchés si près des flammes que leur fourrure a été brûlée.

De kom så nær flammene at pelsen deres ble svidd.

Spitz a ensuite brisé la glace, entraînant l'équipe derrière lui.

Deretter brøt Spitz gjennom isen og dro med seg spannet etter seg.

La cassure s'est étendue jusqu'à l'endroit où Buck tirait.

Bruddet nådde helt opp til der Buck dro.

Buck se pencha en arrière, ses pattes glissant et tremblant sur le bord.

Buck lente seg hardt tilbake, potene sklet og skalv på kanten.

Dave a également tendu vers l'arrière, juste derrière Buck sur la ligne.

Dave spente seg også bakover, rett bak Buck på linjen.

François tirait sur le traîneau, ses muscles craquant sous l'effort.

François halte på sleden, musklene hans knaket av anstrengelse.

Une autre fois, la glace du bord s'est fissurée devant et derrière le traîneau.

En annen gang sprakk randisen foran og bak sleden.

Ils n'avaient d'autre issue que d'escalader une paroi rocheuse gelée.

De hadde ingen annen utvei enn å klatre opp en frossen klippevegg.

Perrault a réussi à escalader le mur, mais un miracle l'a maintenu en vie.

Perrault klatret på en eller annen måte opp veggen; et mirakel holdt ham i live.

François resta en bas, priant pour avoir le même genre de chance.

François ble værende nedenfor og ba om den samme typen flaks.

Ils ont attaché chaque sangle, chaque amarrage et chaque traçage en une seule longue corde.

De bandt sammen hver stropp, surring og skinne til ett langt tau.

Les hommes ont hissé chaque chien, un par un, jusqu'au sommet.

Mennene halte hver hund opp, én om gangen, til toppen.

François est monté en dernier, après le traîneau et toute la charge.

François klatret sist, etter sleden og hele lasten.

Commença alors une longue recherche d'un chemin pour descendre des falaises.

Så startet en lang leting etter en sti ned fra klippene.

Ils sont finalement descendus en utilisant la même corde qu'ils avaient fabriquée.

De kom seg endelig ned med det samme tauet de hadde laget.

La nuit tombait alors qu'ils retournaient au lit de la rivière, épuisés et endoloris.

Natten falt på da de vendte tilbake til elveleiet, utmattede og støle.

La journée entière ne leur avait permis de gagner qu'un quart de mile.

De hadde brukt en hel dag på å tilbakelegge bare en kvart mil.

Au moment où ils atteignirent le Hootalinqua, Buck était épuisé.

Da de nådde Hootalinqua, var Buck utslitt.

Les autres chiens ont tout autant souffert des conditions du sentier.

De andre hundene led like mye av forholdene på løypa.

Mais Perrault avait besoin de récupérer du temps et les poussait chaque jour.

Men Perrault trengte å hente seg inn tid, og presset dem på hver dag.

Le premier jour, ils ont parcouru trente miles jusqu'à Big Salmon.

Den første dagen reiste de tretti mil til Big Salmon.

Le lendemain, ils parcoururent trente-cinq milles jusqu'à Little Salmon.

Neste dag reiste de 55 kilometer til Little Salmon.

Le troisième jour, ils ont parcouru quarante longs kilomètres gelés.

På den tredje dagen presset de seg gjennom førti lange, frosne mil.

À ce moment-là, ils approchaient de la colonie de Five Fingers.

Da nærmet de seg bosetningen Five Fingers.

Les pieds de Buck étaient plus doux que les pieds durs des huskies indigènes.

Bucks føtter var mykere enn de harde føttene til innfødte huskyer.

Ses pattes étaient devenues plus fragiles au fil des générations civilisées.

Potene hans hadde blitt møre gjennom mange siviliserte generasjoner.

Il y a longtemps, ses ancêtres avaient été apprivoisés par des hommes de la rivière ou des chasseurs.

For lenge siden hadde forfedrene hans blitt temmet av elvemenn eller jegere.

Chaque jour, Buck boitait de douleur, marchant sur des pattes à vif et douloureuses.

Hver dag haltet Buck av smerter og gikk på såre, verkende poter.

Au camp, Buck tomba comme une forme sans vie sur la neige.

I leiren falt Buck ned som en livløs skikkelse på snøen.

Bien qu'affamé, Buck ne s'est pas levé pour manger son repas du soir.

Selv om Buck var sulten, sto han ikke opp for å spise kveldsmåltidet.

François apporta sa ration à Buck, en déposant du poisson près de son museau.

François brakte Buck rasjonen sin og la fisk ved mulen hans.

Chaque nuit, le chauffeur frottait les pieds de Buck pendant une demi-heure.

Hver natt gned sjåføren Bucks føtter i en halvtime.

François a même découpé ses propres mocassins pour en faire des chaussures pour chiens.

François klippet til og med opp sine egne mokkasiner for å lage hundesko.

Quatre chaussures chaudes ont apporté à Buck un grand et bienvenu soulagement.

Fire varme sko ga Buck en stor og kjærkommen lettelse.

Un matin, François oublia ses chaussures et Buck refusa de se lever.

En morgen glemte François skoene, og Buck nektet å stå opp.

Buck était allongé sur le dos, les pieds en l'air, les agitant pitoyablement.

Buck lå på ryggen med føttene i været, og viftet ynkelig med dem.

Même Perrault sourit à la vue de l'appel dramatique de Buck.

Selv Perrault smilte bredt ved synet av Bucks dramatiske bønnfallelse.

Bientôt, les pieds de Buck devinrent durs et les chaussures purent être jetées.

Snart ble Bucks føtter harde, og skoene kunne kastes.

À Pelly, pendant le temps du harnais, Dolly laissait échapper un hurlement épouvantable.

Ved Pelly, under seletiden, slapp Dolly ut et forferdelig hyl.

Le cri était long et rempli de folie, secouant chaque chien.

Ropet var langt og fylt av galskap, og rystet hver hund.

Chaque chien se hérissait de peur sans en connaître la raison.

Hver hund vred seg i frykt uten å vite årsaken.

Dolly était devenue folle et s'était jetée directement sur Buck.

Dolly hadde blitt gal og kastet seg rett mot Buck.

Buck n'avait jamais vu la folie, mais l'horreur remplissait son cœur.

Buck hadde aldri sett galskap, men redsel fylte hjertet hans.

Sans réfléchir, il se retourna et s'enfuit, complètement paniqué.

Uten å tenke seg om, snudde han seg og flyktet i full panikk.

Dolly le poursuivit, les yeux fous, la salive s'échappant de ses mâchoires.

Dolly jaget ham, med ville øyne, og spytt som flydde fra kjevene hennes.

Elle est restée juste derrière Buck, sans jamais gagner ni reculer.

Hun holdt seg rett bak Buck, uten å vinne inn og uten å falle tilbake.

Buck courut à travers les bois, le long de l'île, sur de la glace déchiquetée.

Buck løp gjennom skogen, nedover øya, over taggete is.

Il traversa vers une île, puis une autre, revenant vers la rivière.

Han krysset til en øy, deretter en annen, og gikk i sirkel tilbake til elven.

Dolly le poursuivait toujours, son grognement le suivant de près à chaque pas.

Dolly jaget ham fortsatt, knurringen hennes tett bak henne ved hvert skritt.

Buck pouvait entendre son souffle et sa rage, même s'il n'osait pas regarder en arrière.

Buck kunne høre pusten og raseriet hennes, selv om han ikke turte å se seg tilbake.

François cria de loin, et Buck se tourna vers la voix.

François ropte langveisfra, og Buck snudde seg mot stemmen.

Encore à bout de souffle, Buck courut, plaçant tout espoir en François.

Fortsatt gispet etter luft løp Buck forbi og satte all sin lit til François.

Le conducteur du chien leva une hache et attendit que Buck passe à toute vitesse.

Hundeføreren hevet en øks og ventet mens Buck fløy forbi.

La hache s'abattit rapidement et frappa la tête de Dolly avec une force mortelle.

Øksen falt raskt ned og traff Dollys hode med dødelig kraft.

Buck s'est effondré près du traîneau, essoufflé et incapable de bouger.

Buck kollapset nær sleden, hvesende i pusten og ute av stand til å røre seg.

Ce moment a donné à Spitz l'occasion de frapper un ennemi épuisé.

Det øyeblikket ga Spitz sjansen til å angripe en utmattet fiende.

Il a mordu Buck à deux reprises, déchirant la chair jusqu'à l'os blanc.

To ganger bet han Buck og rev kjøttet ned til det hvite beinet.

Le fouet de François claqua, frappant Spitz avec toute sa force et sa fureur.

François' pisk sprakk og traff Spitz med full, voldsom kraft.

Buck regarda avec joie Spitz recevoir sa raclée la plus dure jusqu'à présent.

Buck så med glede på mens Spitz fikk sin hardeste juling hittil.

« C'est un diable, ce Spitz », murmura sombrement Perrault pour lui-même.

«Han er en djevel, den Spitzen», mumlet Perrault dystert for seg selv.

« Un jour prochain, ce maudit chien tuera Buck, je le jure. »

«En dag snart vil den forbannede hunden drepe Buck – jeg sverger på det.»

« Ce Buck a deux démons en lui », répondit François en hochant la tête.

«Den Buck har to djevler i seg», svarte François med et nikk.

« Quand je regarde Buck, je sais que quelque chose de féroce l'attend. »

«Når jeg ser på Buck, vet jeg at noe voldsomt venter i ham.»

« Un jour, il deviendra fou comme le feu et mettra Spitz en pièces. »

«En dag blir han gal som ild og river Spitz i stykker.»

« Il va mâcher ce chien et le recracher sur la neige gelée. »

«Han kommer til å tygge på hunden og spytte ham på den frosne snøen.»

« Bien sûr que non, je le sais au plus profond de moi. »

«Javisst, jeg vet dette innerst inne.»

À partir de ce moment-là, les deux chiens étaient engagés dans une guerre.

Fra det øyeblikket og utover var de to hundene låst i en krig.

Spitz a dirigé l'équipe et a conservé le pouvoir, mais Buck a contesté cela.

Spitz ledet laget og hadde makten, men Buck utfordret det.

Spitz a vu son rang menacé par cet étrange étranger du Sud.

Spitz så sin rang truet av denne merkelige fremmede fra Sørlandet.

Buck ne ressemblait à aucun autre chien du sud que Spitz avait connu auparavant.

Buck var ulik noen annen sørstatshund Spitz hadde kjent før.

La plupart d'entre eux ont échoué, trop faibles pour survivre au froid et à la faim.

De fleste av dem mislyktes – for svake til å overleve kulde og sult.

Ils sont morts rapidement à cause du travail, du gel et de la lenteur de la famine.

De døde raskt under arbeid, frost og hungersnødens langsomme svirring.

Buck se démarquait : plus fort, plus intelligent et plus sauvage chaque jour.

Buck skilte seg ut – sterkere, smartere og villere for hver dag.

Il a prospéré dans les difficultés, grandissant jusqu'à égaler les huskies du Nord.

Han trivdes med vanskeligheter og vokste opp til å matche de nordlige huskyene.

Buck avait de la force, une habileté sauvage et un instinct patient et mortel.

Buck hadde styrke, vill dyktighet og et tålmodig, dødelig instinkt.

L'homme avec la massue avait fait perdre à Buck toute témérité.

Mannen med køllen hadde slått ut ubetenksomheten av Buck.

La fureur aveugle avait disparu, remplacée par une ruse silencieuse et un contrôle.

Blind raseri var borte, erstattet av stille list og kontroll.

Il attendait, calme et primitif, guettant le bon moment.

Han ventet, rolig og primal, og ventet på det rette øyeblikket.

Leur lutte pour le commandement est devenue inévitable et claire.

Kampen deres om kommandoen ble uunngåelig og tydelig.

Buck désirait être un leader parce que son esprit l'exigeait.

Buck ønsket lederskap fordi hans ånd krevde det.

Il était poussé par l'étrange fierté née du sentier et du harnais.

Han ble drevet av den merkelige stoltheten født av sti og seletøy.

Cette fierté a poussé les chiens à tirer jusqu'à ce qu'ils s'effondrent sur la neige.

Den stoltheten fikk hunder til å dra til de kollapset i snøen.

L'orgueil les a poussés à donner toute la force qu'ils avaient.

Stolthet lokket dem til å gi all den styrken de hadde.

L'orgueil peut attirer un chien de traîneau jusqu'à la mort.

Stolthet kan lokke en sledehund til og med døden.

La perte du harnais a laissé les chiens brisés et sans but.

Å miste selen gjorde at hundene ble ødelagte og uten mening.

Le cœur d'un chien de traîneau peut être brisé par la honte lorsqu'il prend sa retraite.

En sledehunds hjerte kan bli knust av skam når den pensjonerer seg.

Dave vivait avec cette fierté alors qu'il tirait le traîneau par derrière.

Dave levde av den stoltheten mens han dro sleden bakfra.

Solleks, lui aussi, a tout donné avec une force et une loyauté redoutables.

Solleks ga også alt med dyster styrke og lojalitet.

Chaque matin, l'orgueil les faisait passer de l'amertume à la détermination.

Hver morgen forvandlet stoltheten dem fra bitre til besluttsomme.

Ils ont poussé toute la journée, puis sont restés silencieux à la fin du camp.

De presset på hele dagen, før de ble stille ved enden av leiren.

Cette fierté a donné à Spitz la force de battre les tire-au-flanc.

Den stoltheten ga Spitz styrken til å komme før sherkers inn i rekken.

Spitz craignait Buck parce que Buck portait cette même fierté profonde.

Spitz fryktet Buck fordi Buck bar den samme dype stoltheten.

L'orgueil de Buck s'est alors retourné contre Spitz, et il ne s'est pas arrêté.

Bucks stolthet rørte seg nå mot Spitz, og han stoppet ikke.

Buck a défié le pouvoir de Spitz et l'a empêché de punir les chiens.

Buck trosset Spitz' makt og hindret ham i å straffe hunder.

Lorsque les autres échouaient, Buck s'interposait entre eux et leur chef.

Da andre mislyktes, stilte Buck seg mellom dem og lederen deres.

Il l'a fait intentionnellement, en rendant son défi ouvert et clair.

Han gjorde dette med hensikt, og gjorde utfordringen sin åpen og tydelig.

Une nuit, une forte neige a recouvert le monde d'un profond silence.

En natt la tung snøfall dyp stillhet over verden.

Le lendemain matin, Pike, paresseux comme toujours, ne se leva pas pour aller travailler.

Neste morgen sto ikke Pike opp for å gå på jobb, lat som alltid.

Il est resté caché dans son nid sous une épaisse couche de neige.

Han holdt seg gjemt i reiret sitt under et tykt lag med snø.

François a appelé et cherché, mais n'a pas pu trouver le chien.

François ropte og lette, men fant ikke hunden.

Spitz devint furieux et se précipita à travers le camp couvert de neige.

Spitz ble rasende og stormet gjennom den snødekte leiren.

Il grogna et renifla, creusant frénétiquement avec des yeux flamboyants.

Han knurret og snufset, og gravde som vanvittig med flammende øyne.

Sa rage était si féroce que Pike tremblait sous la neige de peur.

Raseriet hans var så voldsomt at Pike skalv under snøen av frykt.

Lorsque Pike fut finalement retrouvé, Spitz se précipita pour punir le chien qui se cachait.

Da Pike endelig ble funnet, kastet Spitz seg ut for å straffe hunden som hadde gjemt seg.

Mais Buck s'est précipité entre eux avec une fureur égale à celle de Spitz.

Men Buck sprang mellom dem med et raseri likt Spitz' eget.

L'attaque fut si soudaine et intelligente que Spitz tomba.

Angrepet var så plutselig og smart at Spitz falt av beina.

Pike, qui tremblait, puisa du courage dans ce défi.

Pike, som hadde skjelvet, tok mot til seg etter denne trassen.

Il sauta sur le Spitz tombé, suivant l'exemple audacieux de Buck.

Han hoppet på den falne Spitzen, og fulgte Bucks dristige eksempel.

Buck, n'étant plus tenu par l'équité, a rejoint la grève contre Spitz.

Buck, ikke lenger bundet av rettferdighet, sluttet seg til streiken på Spitz.

François, amusé mais ferme dans sa discipline, balançait son lourd fouet.

François, underholdt, men likevel disiplinert, svingte sin tunge piskeslag.

Il frappa Buck de toutes ses forces pour mettre fin au combat.

Han slo Buck med all sin kraft for å avbryte kampen.

Buck a refusé de bouger et est resté au sommet du chef tombé.

Buck nektet å røre seg og ble værende oppå den falne lederen.

François a ensuite utilisé le manche du fouet, frappant Buck durement.

François brukte deretter piskens håndtak og slo Buck hardt.

Titubant sous le coup, Buck recula sous l'assaut.

Buck sjanglet etter slaget og falt bakover under angrepet.

François frappait encore et encore tandis que Spitz punissait Pike.

François slo til igjen og igjen mens Spitz straffet Pike.

Les jours passèrent et Dawson City se rapprocha de plus en plus.

Dagene gikk, og Dawson City kom nærmere og nærmere.

Buck n'arrêtait pas d'intervenir, se glissant entre le Spitz et les autres chiens.

Buck fortsatte å blande seg inn og gled mellom Spitz og de andre hundene.

Il choisissait bien ses moments, attendant toujours que François parte.

Han valgte øyeblikkene sine med omhu, og ventet alltid på at François skulle dra.

La rébellion silencieuse de Buck s'est propagée et le désordre a pris racine dans l'équipe.

Bucks stille opprør spredte seg, og uorden slo rot i laget.

Dave et Solleks sont restés fidèles, mais d'autres sont devenus indisciplinés.

Dave og Solleks forble lojale, men andre ble uregjerlige.

L'équipe est devenue de plus en plus agitée, querelleuse et hors de propos.

Laget ble verre – rastløst, kranglete og ute av spill.

Plus rien ne fonctionnait correctement et les bagarres devenaient courantes.

Ingenting fungerte knirkefritt lenger, og slåsskamper ble vanlige.

Buck est resté au cœur des troubles, provoquant toujours des troubles.

Buck forble i kjernen av uroen og provoserte alltid frem uro.

François restait vigilant, effrayé par le combat entre Buck et Spitz.

François forble våken, redd for kampen mellom Buck og Spitz.

Chaque nuit, des bagarres le réveillaient, craignant que le commencement n'arrive enfin.

Hver natt vekket han håndgemyr, i frykt for at begynnelsen endelig var kommet.

Il sauta de sa robe, prêt à mettre fin au combat.

Han sprang av kappen sin, klar til å avbryte kampen.

Mais le moment n'arriva jamais et ils atteignirent finalement Dawson.

Men øyeblikket kom aldri, og de nådde endelig Dawson.

L'équipe est entrée dans la ville un après-midi sombre, tendu et calme.

Teamet kom inn i byen en trist ettermiddag, anspent og stille.

La grande bataille pour le leadership était encore en suspens dans l'air glacial.

Den store kampen om lederskapet hang fortsatt i den frosne luften.

Dawson était rempli d'hommes et de chiens de traîneau, tous occupés à travailler.

Dawson var full av menn og sledehunder, alle travelt opptatt med arbeid.

Buck regardait les chiens tirer des charges du matin au soir.

Buck så på hundene mens de dro lass fra morgen til kveld.

Ils transportaient des bûches et du bois de chauffage et acheminaient des fournitures vers les mines.

De fraktet tømmer og ved, og fraktet forsyninger til gruvene.

Là où les chevaux travaillaient autrefois dans le Southland, les chiens travaillent désormais.

Der hester en gang arbeidet i Sørlandet, arbeidet nå hunder.

Buck a vu quelques chiens du Sud, mais la plupart étaient des huskies ressemblant à des loups.

Buck så noen hunder fra sør, men de fleste var ulvelignende huskyer.

La nuit, comme une horloge, les chiens élevaient la voix pour chanter.

Om natten, som et urverk, hevet hundene stemmene sine i sang.

À neuf heures, à minuit et à nouveau à trois heures, les chants ont commencé.

Klokken ni, ved midnatt og igjen klokken tre begynte allsangen.

Buck aimait se joindre à leur chant étrange, au son sauvage et ancien.

Buck elsket å bli med på den uhyggelige sangen deres, vill og eldgammel i klang.

Les aurores boréales flamboyaient, les étoiles dansaient et la neige recouvrait le pays.

Nordlyset flammet, stjernene danset, og snø dekket landet.

Le chant des chiens s'éleva comme un cri contre le silence et le froid glacial.

Hundesangen steg som et rop mot stillhet og bitende kulde.

Mais leur hurlement contenait de la tristesse, et non du défi, dans chaque longue note.

Men ulingen deres inneholdt sorg, ikke trass, i hver lange tone.

Chaque cri plaintif était plein de supplications, le fardeau de la vie elle-même.

Hvert klagende rop var fullt av bønnfallelse; selve livets byrde.

Cette chanson était vieille, plus vieille que les villes et plus vieille que les incendies.

Den sangen var gammel – eldre enn byer, og eldre enn branner

Cette chanson était encore plus ancienne que les voix des hommes.

Den sangen var eldre enn menneskestemmer.

C'était une chanson du monde des jeunes, quand toutes les chansons étaient tristes.

Det var en sang fra den unge verden, da alle sanger var triste.

La chanson portait la tristesse d'innombrables générations de chiens.

Sangen bar med seg sorg fra utallige generasjoner av hunder.

Buck ressentait profondément la mélodie, gémissant de douleur enracinée dans les âges.

Buck kjente melodien dypt, stønnet av smerte forankret i tiden.

Il sanglotait d'un chagrin aussi vieux que le sang sauvage dans ses veines.

Han hulket av en sorg like gammel som det ville blodet i årene hans.

Le froid, l'obscurité et le mystère ont touché l'âme de Buck.

Kulden, mørket og mystikken berørte Bucks sjel.

Cette chanson prouvait à quel point Buck était revenu à ses origines.

Den sangen beviste hvor langt Buck hadde vendt tilbake til sine opprinnelser.

À travers la neige et les hurlements, il avait trouvé le début de sa propre vie.

Gjennom snø og hyl hadde han funnet starten på sitt eget liv.

Sept jours après leur arrivée à Dawson, ils repartent.

Syv dager etter ankomsten til Dawson dro de av gårde igjen.

L'équipe est descendue de la caserne jusqu'au sentier du Yukon.

Laget dro fra brakkene ned til Yukon Trail.

Ils ont commencé le voyage de retour vers Dyea et Salt Water.

De begynte reisen tilbake mot Dyea og Salt Water.

Perrault portait des dépêches encore plus urgentes qu'auparavant.

Perrault hadde med seg meldinger som var enda mer presserende enn før.

Il était également saisi par la fierté du sentier et avait pour objectif d'établir un record.

Han ble også grepet av løypestolthet og siktet mot å sette rekord.

Cette fois, plusieurs avantages étaient du côté de Perrault.

Denne gangen var flere fordeler på Perraults side.

Les chiens s'étaient reposés pendant une semaine entière et avaient repris des forces.

Hundene hadde hvilt i en hel uke og gjenvunnet kreftene.

Le sentier qu'ils avaient ouvert était maintenant damé par d'autres.

Sporet de hadde brutt var nå hardt pakket av andre.

À certains endroits, la police avait stocké de la nourriture pour les chiens et les hommes.

Noen steder hadde politiet lagret mat til både hunder og menn.

Perrault voyageait léger, se déplaçait rapidement et n'avait pas grand-chose pour l'alourdir.

Perrault reiste lett, beveget seg raskt med lite som tynget ham ned.

Ils ont atteint Sixty-Mile, une course de cinquante milles, dès la première nuit.

De nådde Sixty-Mile, en løpetur på åtte kilometer, allerede den første natten.

Le deuxième jour, ils se sont précipités sur le Yukon en direction de Pelly.

Den andre dagen stormet de opp Yukon mot Pelly.

Mais ces beaux progrès ont été accompagnés de beaucoup de difficultés pour François.

Men slike fine fremskritt kom med store belastninger for François.

La rébellion silencieuse de Buck avait brisé la discipline de l'équipe.

Bucks stille opprør hadde knust lagets disiplin.

Ils ne se rassemblaient plus comme une seule bête dans les rênes.

De trakk ikke lenger sammen som ett dyr i tømmene.

Buck avait conduit d'autres personnes à la défiance par son exemple audacieux.

Buck hadde ledet andre til trass gjennom sitt modige eksempel.

L'ordre de Spitz n'a plus été accueilli avec crainte ou respect.

Spitz' kommando ble ikke lenger møtt med frykt eller respekt.

Les autres ont perdu leur respect pour lui et ont osé résister à son règne.

De andre mistet ærefrykten for ham og turte å motstå hans styre.

Une nuit, Pike a volé la moitié d'un poisson et l'a mangé sous les yeux de Buck.

En natt stjal Pike en halv fisk og spiste den rett foran Bucks øyne.

Une autre nuit, Dub et Joe se sont battus contre Spitz et sont restés impunis.

En annen natt kjempet Dub og Joe mot Spitz og gikk ustraffet.

Même Billee gémissait moins doucement et montrait une nouvelle vivacité.

Selv Billee klynket mindre søtt og viste ny skarphet.

Buck grognait sur Spitz à chaque fois qu'ils se croisaient.

Buck glefset til Spitz hver gang de krysset veier.

L'attitude de Buck devint audacieuse et menaçante, presque comme celle d'un tyran.

Bucks holdning ble dristig og truende, nesten som en bølle.

Il marchait devant Spitz avec une démarche assurée, pleine de menace moqueuse.

Han gikk frem og tilbake foran Spitz med en bravur, full av hånlig trussel.

Cet effondrement de l'ordre s'est également propagé parmi les chiens de traîneau.

Det ordensbruddet spredte seg også blant sledehundene.

Ils se battaient et se disputaient plus que jamais, remplissant le camp de bruit.

De sloss og kranglet mer enn noensinne, og fylte leiren med støy.

La vie au camp se transformait chaque nuit en un chaos sauvage et hurlant.

Leirlivet forvandlet seg til et vilt, hylende kaos hver natt.

Seuls Dave et Solleks sont restés stables et concentrés.

Bare Dave og Solleks forble stødige og fokuserte.

Mais même eux sont devenus colériques à cause des bagarres incessantes.

Men selv de ble kort lunte av de konstante slåsskampene.

François jurait dans des langues étranges et piétinait de frustration.

François bannet på fremmede språk og trampet i frustrasjon.

Il s'arrachait les cheveux et criait tandis que la neige volait sous ses pieds.

Han rev seg i håret og ropte mens snøen fløy under føttene.

Son fouet claqua sur le groupe, mais parvint à peine à les maintenir en ligne.

Pisken hans smell over flokken, men holdt dem så vidt på linje.

Chaque fois qu'il tournait le dos, les combats reprenaient.

Hver gang han ble vendt ryggen til, brøt kampene ut igjen.

François a utilisé le fouet pour Spitz, tandis que Buck a dirigé les rebelles.

François brukte piskeslaget for Spitz, mens Buck ledet opprørerne.

Chacun connaissait le rôle de l'autre, mais Buck évitait tout blâme.

Begge visste hva den andres rolle var, men Buck unngikk enhver skyld.

François n'a jamais surpris Buck en train de provoquer une bagarre ou de se dérober à son travail.

François tok aldri Buck på fersken i å starte en slåsskamp eller unnlate jobben sin.

Buck travaillait dur sous le harnais – le travail lui faisait désormais vibrer l'esprit.

Buck jobbet hardt i seletøy – slitet begeistret nå humøret hans.

Mais il trouvait encore plus de joie à provoquer des bagarres et du chaos dans le camp.

Men han fant enda større glede i å skape slåsskamper og kaos i leiren.

Un soir, à l'embouchure du Tahkeena, Dub fit sursauter un lapin.

En kveld ved Tahkeenas munn skremte Dub en kanin.

Il a raté la prise et le lièvre d'Amérique s'est enfui.

Han bommet på fangsten, og trugekaninen sprang av gårde.

En quelques secondes, toute l'équipe de traîneau s'est lancée à sa poursuite en poussant des cris sauvages.

I løpet av sekunder satte hele sledeteamet i gang jakten med ville rop.

À proximité, un camp de la police du Nord-Ouest abritait une cinquantaine de chiens huskys.

I nærheten huset en politileir for det nordvestlige politiet femti huskyhunder.

Ils se sont joints à la chasse, descendant ensemble la rivière gelée.

De ble med på jakten, og strømmet nedover den frosne elven sammen.

Le lapin a quitté la rivière et s'est enfui dans le lit d'un ruisseau gelé.

Kaninen svingte av elven og flyktet opp et frossent bekkeleie.

Le lapin sautait légèrement sur la neige tandis que les chiens peinaient à se frayer un chemin.

Kaninen hoppet lett over snøen mens hundene kjempet seg gjennom.

Buck menait l'énorme meute de soixante chiens dans chaque virage sinueux.

Buck ledet den enorme flokken på seksti hunder rundt hver sving.

Il avança, bas et impatient, mais ne put gagner du terrain.

Han presset seg fremover, lavt og ivrig, men klarte ikke å vinne terreng.

Son corps brillait sous la lune pâle à chaque saut puissant.

Kroppen hans glimtet under den bleke månen for hvert kraftige sprang.

Devant, le lapin se déplaçait comme un fantôme, silencieux et trop rapide pour être attrapé.

Foran beveget kaninen seg som et spøkelse, stille og for rask til å fange den igjen.

Tous ces vieux instincts – la faim, le frisson – envahirent Buck.

Alle de gamle instinktene – sulten, spenningen – strømmet gjennom Buck.

Les humains ressentent parfois cet instinct et sont poussés à chasser avec une arme à feu et des balles.

Mennesker føler dette instinktet til tider, drevet til å jakte med gevær og kule.

Mais Buck ressentait ce sentiment à un niveau plus profond et plus personnel.

Men Buck følte denne følelsen på et dypere og mer personlig nivå.

Ils ne pouvaient pas ressentir la nature sauvage dans leur sang comme Buck pouvait la ressentir.

De kunne ikke føle villmarken i blodet sitt slik Buck kunne føle den.

Il chassait la viande vivante, prêt à tuer avec ses dents et à goûter le sang.

Han jaget levende kjøtt, klar til å drepe med tennene og smake blod.

Son corps se tendait de joie, voulant se baigner dans la vie rouge et chaude.

Kroppen hans anstrengte seg av glede, og ville bade i varmt, rødt liv.

Une joie étrange marque le point le plus élevé que la vie puisse atteindre.

En merkelig glede markerer det høyeste punktet livet noen gang kan nå.

La sensation d'un pic où les vivants oublient même qu'ils sont en vie.

Følelsen av en topp der de levende glemmer at de i det hele tatt lever.

Cette joie profonde touche l'artiste perdu dans une inspiration fulgurante.

Denne dype gleden berører kunstneren som er fortapt i flammende inspirasjon.

Cette joie saisit le soldat qui se bat avec acharnement et n'épargne aucun ennemi.

Denne gleden griper soldaten som kjemper vilt og ikke skåner noen fiende.

Cette joie s'empara alors de Buck alors qu'il menait la meute dans une faim primitive.

Denne gleden krevde nå Buck idet han ledet flokken i ursult.

Il hurla avec le cri ancien du loup, ravi par la chasse vivante.

Han hylte med det eldgamle ulveskriket, begeistret av den levende jakten.

Buck a puisé dans la partie la plus ancienne de lui-même, perdue dans la nature.

Buck tappet inn i den eldste delen av seg selv, fortapt i naturen.

Il a puisé au plus profond de lui-même, au-delà de la mémoire, dans le temps brut et ancien.

Han nådde dypt inn i sitt indre, i tidligere minner, inn i rå, eldgammel tid.

Une vague de vie pure a traversé chaque muscle et chaque tendon.

En bølge av rent liv strømmet gjennom hver muskel og sene.

Chaque saut criait qu'il vivait, qu'il traversait la mort.

Hvert sprang ropte at han levde, at han beveget seg gjennom døden.

Son corps s'élevait joyeusement au-dessus d'une terre calme et froide qui ne bougeait jamais.

Kroppen hans svevde gledesfylt over stille, kaldt land som aldri rørte seg.

Spitz est resté froid et rusé, même dans ses moments les plus fous.

Spitz forble kald og utspekulert, selv i sine villeste øyeblikk.

Il quitta le sentier et traversa un terrain où le ruisseau formait une large courbe.

Han forlot stien og krysset land der bekken svingte bredt.

Buck, inconscient de cela, resta sur le chemin sinueux du lapin.

Buck, uvitende om dette, holdt seg på kaninens svingete sti.

Puis, alors que Buck tournait un virage, le lapin fantomatique était devant lui.

Så, idet Buck rundet en sving, var den spøkelseslignende kaninen foran ham.

Il vit une deuxième silhouette sauter de la berge devant la proie.

Han så en annen skikkelse hoppe fra bredden foran byttet.

La silhouette était celle d'un Spitz, atterrissant juste sur le chemin du lapin en fuite.

Skikkelsen var Spitz, som landet rett i veien for den flyktende kaninen.

Le lapin ne pouvait pas se retourner et a rencontré les mâchoires de Spitz en plein vol.

Kaninen kunne ikke snu seg og møtte Spitz' kjever i luften.

La colonne vertébrale du lapin se brisa avec un cri aussi aigu que le cri d'un humain mourant.

Kaninens ryggrad brakk med et skrik like skarpt som et døende menneskes skrik.

À ce bruit – la chute de la vie à la mort – la meute hurla fort.

Ved den lyden – fallet fra liv til død – hylte flokken høyt.

Un chœur sauvage s'éleva derrière Buck, plein de joie sombre.

Et vilt kor steg opp bak Buck, fullt av mørk glede.

Buck n'a émis aucun cri, aucun son, et a chargé directement Spitz.

Buck skrek ikke, ingen lyd, og stormet rett inn i Spitz.

Il a visé la gorge, mais a touché l'épaule à la place.

Han siktet mot strupen, men traff skulderen i stedet.

Ils dégringolèrent dans la neige molle, leurs corps bloqués dans le combat.

De tumlet gjennom myk snø; kroppene deres var låst i kamp.

Spitz se releva rapidement, comme s'il n'avait jamais été renversé.

Spitz spratt raskt opp, som om han aldri var blitt slått ned.

Il a entaillé l'épaule de Buck, puis s'est éloigné du combat.

Han skar Buck i skulderen, og sprang deretter unna kampen.

À deux reprises, ses dents claquèrent comme des pièges en acier, ses lèvres se retroussèrent et devinrent féroces.

To ganger knakk tennene hans som stålfeller, leppene krøllet seg sammen og var vilde.

Il recula lentement, cherchant un sol ferme sous ses pieds.

Han rygget sakte unna og lette etter fast grunn under føttene.

Buck a compris le moment instantanément et pleinement.

Buck forsto øyeblikket umiddelbart og fullt ut.

Le moment était venu ; le combat allait être un combat à mort.

Tiden var inne; kampen skulle bli en kamp til døden.

Les deux chiens tournaient en rond, grognant, les oreilles plates, les yeux plissés.

De to hundene gikk i sirkler, knurrende, med flate ører og smale øyne.

Chaque chien attendait que l'autre montre une faiblesse ou fasse un faux pas.

Hver hund ventet på at den andre skulle vise svakhet eller feiltrinn.

Pour Buck, la scène semblait étrangement connue et profondément ancrée dans ses souvenirs.

For Buck føltes scenen uhyggelig kjent og dypt husket.

Les bois blancs, la terre froide, la bataille au clair de lune.

De hvite skogene, den kalde jorden, kampen under måneskinnet.

Un silence pesant emplissait le pays, profond et contre nature.

En tung stillhet fylte landet, dyp og unaturlig.

Aucun vent ne soufflait, aucune feuille ne bougeait, aucun bruit ne brisait le silence.

Ingen vind rørte seg, intet blad beveget seg, ingen lyd brøt stillheten.

Le souffle des chiens s'élevait comme de la fumée dans l'air glacial et calme.

Hundenes pust steg opp som røyk i den frosne, stille luften.

Le lapin a été depuis longtemps oublié par la meute de bêtes sauvages.

Kaninen var for lengst glemt av flokken med ville dyr.

Ces loups à moitié apprivoisés se tenaient maintenant immobiles dans un large cercle.

Disse halvtemmede ulvene sto nå stille i en vid sirkel.

Ils étaient silencieux, seuls leurs yeux brillants révélaient leur faim.

De var stille, bare de glødende øynene deres avslørte sulten.

Leur souffle s'éleva, regardant le combat final commencer.

Pusten deres steg, mens de så den siste kampen begynne.

Pour Buck, cette bataille était ancienne et attendue, pas du tout étrange.

For Buck var dette slaget gammelt og forventet, slett ikke merkelig.

C'était comme un souvenir de quelque chose qui devait arriver depuis toujours.

Det føltes som et minne om noe som alltid var ment å skje.

Le Spitz était un chien de combat entraîné, affiné par d'innombrables bagarres sauvages.

Spitz var en trent kamphund, finslipt av utallige ville slåsskamper.

Du Spitzberg au Canada, il a vaincu de nombreux ennemis.

Fra Spitsbergen til Canada hadde han mestret mange fiender.

Il était rempli de fureur, mais n'a jamais cédé au contrôle de la rage.

Han var fylt av raseri, men ga aldri kontroll over raseriet.

Sa passion était vive, mais toujours tempérée par un instinct dur.

Lidenskapen hans var skarp, men alltid dempet av hardt instinkt.

Il n'a jamais attaqué jusqu'à ce que sa propre défense soit en place.

Han angrep aldri før hans eget forsvar var på plass.

Buck a essayé encore et encore d'atteindre le cou vulnérable de Spitz.

Buck prøvde igjen og igjen å nå Spitz' sårbare nakke.

Mais chaque coup était accueilli par un coup des dents acérées de Spitz.

Men hvert slag ble møtt av et hugg fra Spitz' skarpe tenner.

Leurs crocs se sont heurtés et les deux chiens ont saigné de leurs lèvres déchirées.

Hoggtennene deres brøt sammen, og begge hundene blødde fra avrevne lepper.

Peu importe comment Buck s'est lancé, il n'a pas pu briser la défense.

Uansett hvor mye Buck kastet seg frem, klarte han ikke å bryte gjennom forsvaret.

Il devint de plus en plus furieux, se précipitant avec des explosions de puissance sauvages.

Han ble mer rasende og stormet inn med ville maktutbrudd.

À maintes reprises, Buck frappait la gorge blanche du Spitz.

Igjen og igjen slo Buck etter Spitz' hvite strupe.

À chaque fois, Spitz esquivait et riposta avec une morsure tranchante.

Hver gang unngikk Spitz og slo tilbake med et skjærende bitt.

Buck changea alors de tactique, se précipitant à nouveau comme pour atteindre la gorge.

Så endret Buck taktikk og løp som om han ville strupe den igjen.

Mais il s'est retiré au milieu de l'attaque, se tournant pour frapper sur le côté.

Men han trakk seg tilbake midt i angrepet og snudde seg for å angripe fra siden.

Il a lancé son épaule sur Spitz, dans le but de le faire tomber.

Han kastet skulderen inn i Spitz i sikte på å slå ham ned.

À chaque fois qu'il essayait, Spitz esquivait et ripostait avec une frappe.

Hver gang han prøvde, unngikk Spitz og kontret med et hugg.

L'épaule de Buck était à vif alors que Spitz s'écartait après chaque coup.

Bucks skulder ble sår da Spitz hoppet unna etter hvert treff.

Spitz n'avait pas été touché, tandis que Buck saignait de nombreuses blessures.

Spitz hadde ikke blitt rørt, mens Buck blødde fra mange sår.

La respiration de Buck était rapide et lourde, son corps était couvert de sang.

Bucks pust kom raskt og tungt, kroppen hans glatt av blod.

Le combat devenait plus brutal à chaque morsure et à chaque charge.

Kampen ble mer brutal for hvert bitt og angrep.

Autour d'eux, soixante chiens silencieux attendaient le premier à tomber.

Rundt dem ventet seksti stille hunder på at de første skulle falle.

Si un chien tombait, la meute allait mettre fin au combat.

Hvis én hund falt, ville flokken avslutte kampen.

Spitz vit Buck faiblir et commença à attaquer.

Spitz så at Buck svekkes, og begynte å presse på.

Il a maintenu Buck en déséquilibre, le forçant à lutter pour garder pied.

Han holdt Buck ut av balanse, og tvang ham til å kjempe for å få fotfeste.

Un jour, Buck trébucha et tomba, et tous les chiens se relevèrent.

En gang snublet Buck og falt, og alle hundene reiste seg opp.

Mais Buck s'est redressé au milieu de sa chute, et tout le monde s'est affalé.

Men Buck rettet seg opp midt i fallet, og alle sank ned igjen.

Buck avait quelque chose de rare : une imagination née d'un instinct profond.

Buck hadde noe sjeldent – fantasi født av dype instinkter.

Il combattait par instinct naturel, mais aussi par ruse.

Han kjempet av naturlig drivkraft, men han kjempet også med list.

Il chargea à nouveau comme s'il répétait son tour d'attaque à l'épaule.

Han stormet igjen som om han gjentok skulderangrepstrikset sitt.

Mais à la dernière seconde, il s'est laissé tomber et a balayé Spitz.

Men i siste sekund falt han lavt og feide under Spitz.

Ses dents se sont bloquées sur la patte avant gauche de Spitz avec un claquement.

Tennene hans låste seg fast på Spitz' venstre forbein med et smell.

Spitz était maintenant instable, son poids reposant sur seulement trois pattes.

Spitz sto nå ustø, med vekten sin på bare tre bein.

Buck frappa à nouveau, essaya trois fois de le faire tomber.

Buck slo til igjen og prøvde tre ganger å felle ham.

À la quatrième tentative, il a utilisé le même mouvement avec succès.

På fjerde forsøk brukte han samme bevegelse med hell

Cette fois, Buck a réussi à mordre la jambe droite du Spitz.

Denne gangen klarte Buck å bite Spitz i høyrebeinet.

Spitz, bien que paralysé et souffrant, continuait à lutter pour survivre.

Spitz, selv om han var forkrøplet og i smerte, fortsatte å kjempe for å overleve.

Il vit le cercle de huskies se resserrer, la langue tirée, les yeux brillants.

Han så sirkelen av huskyer tette seg sammen, med tunger ute og øyne som glødet.

Ils attendaient de le dévorer, comme ils l'avaient fait pour les autres.

De ventet på å sluke ham, akkurat som de hadde gjort med andre.

Cette fois, il se tenait au centre, vaincu et condamné.

Denne gangen sto han i sentrum; beseiret og dømt.

Le chien blanc n'avait désormais plus aucune possibilité de s'échapper.

Den hvite hunden hadde ingen mulighet til å flykte nå.

Buck n'a montré aucune pitié, car la pitié n'avait pas sa place dans la nature.

Buck viste ingen nåde, for nåde hørte ikke hjemme i villmarken.

Buck se déplaçait prudemment, se préparant à la charge finale.

Buck beveget seg forsiktig og gjorde seg klar til det siste angrepet.

Le cercle des huskies se referma ; il sentit leur souffle chaud.

Sirkelen av huskyer lukket seg om hverandre; han kjente de varme pustene deres.

Ils s'accroupirent, prêts à bondir lorsque le moment viendrait.

De bøyde seg ned, klare til å sprette når øyeblikket kom.

Spitz tremblait dans la neige, grognant et changeant de position.

Spitz skalv i snøen, knurret og endret stilling.

Ses yeux brillaient, ses lèvres se courbaient, ses dents brillaient dans une menace désespérée.

Øynene hans strålte, leppene hans krøllet seg sammen, tennene glitret i desperat trussel.

Il tituba, essayant toujours de résister à la morsure froide de la mort.

Han sjanglet, fortsatt i et forsøk på å holde dødens kalde bitt tilbake.

Il avait déjà vu cela auparavant, mais toujours du côté des gagnants.

Han hadde sett dette før, men alltid fra vinnersiden.

Il était désormais du côté des perdants, des vaincus, de la proie, de la mort.

Nå var han på den tapende siden; den beseirede; byttet; døden.

Buck tourna en rond pour porter le coup final, le cercle de chiens se rapprochant.

Buck sirklet for å gi det siste slaget, hunderingen presset seg tettere.

Il pouvait sentir leur souffle chaud, prêt à tuer.

Han kunne føle de varme pustene deres; klare til å bli drept.

Un silence s'installa ; tout était à sa place ; le temps s'était arrêté.

Det ble stilt; alt var på sin plass; tiden hadde stoppet.

Même l'air froid entre eux se figea un dernier instant.

Selv den kalde luften mellom dem frøs til et siste øyeblikk.

Seul Spitz bougea, essayant de retenir sa fin amère.

Bare Spitz rørte seg og prøvde å holde den bitre enden tilbake.

Le cercle des chiens se refermait autour de lui, comme l'était son destin.

Sirkelen av hunder lukket seg rundt ham, i likhet med hans skjebne.

Il était désespéré maintenant, sachant ce qui allait se passer.

Han var desperat nå, vel vitende om hva som skulle skje.

Buck bondit, épaule contre épaule une dernière fois.

Buck sprang inn, skulder møtte skulder en siste gang.

Les chiens se sont précipités en avant, couvrant Spitz dans l'obscurité neigeuse.

Hundene stormet fremover og dekket Spitz i det snødekte mørket.

Buck regardait, debout, le vainqueur dans un monde sauvage.

Buck så på, stående rakrygget; seierherren i en vill verden.

La bête primordiale dominante avait fait sa proie, et c'était bien.
Det dominerende urbeistet hadde gjort sitt bytte, og det var bra.

Celui qui a gagné la maîtrise
Han som har vunnet mesterskapet

« Hein ? Qu'est-ce que j'ai dit ? Je dis vrai quand je dis que Buck est un démon. »

«Eh? Hva sa jeg? Jeg snakker sant når jeg sier at Buck er en djevel.»

François a dit cela le lendemain matin après avoir constaté la disparition de Spitz.

François sa dette neste morgen etter at han fant Spitz savnet.

Buck se tenait là, couvert de blessures dues au combat acharné.

Buck sto der, dekket av sår etter den voldsomme kampen.

François tira Buck près du feu et lui montra les blessures.

François dro Buck bort til bålet og pekte på skadene.

« Ce Spitz s'est battu comme le Devik », dit Perrault en observant les profondes entailles.

«Den Spitzen kjempet som Deviken,» sa Perrault, mens han kikket på de dype sårene.

« Et ce Buck s'est battu comme deux diables », répondit aussitôt François.

«Og at Buck kjempet som to djevler,» svarte François med en gang.

« Maintenant, nous allons faire du bon temps ; plus de Spitz, plus de problèmes. »

«Nå skal vi ha det bra; ikke mer Spitz, ikke mer bråk.»

Perrault préparait le matériel et chargeait le traîneau avec soin.

Perrault pakket utstyret og lastet sleden med forsiktighet.

François a attelé les chiens en prévision de la course du jour.

François selet hundene som forberedelse til dagens løpetur.

Buck a trotté directement vers la position de tête autrefois détenue par Spitz.

Buck travet rett til lederposisjonen som en gang var Spitz.

Mais François, sans s'en apercevoir, conduisit Solleks vers l'avant.

Men François, som ikke la merke til det, ledet Solleks frem til
fronten.

**Aux yeux de François, Solleks était désormais le meilleur
chien de tête.**

Etter François' vurdering var Solleks nå den beste ledehunden.

**Buck se jeta sur Solleks avec fureur et le repoussa en signe
de protestation.**

Buck sprang mot Solleks i raseri og drev ham tilbake i protest.

**Il se tenait là où Spitz s'était autrefois tenu, revendiquant la
position de leader.**

Han sto der Spitz en gang hadde stått, og gjorde krav på
lederposisjonen.

**« Hein ? Hein ? » s'écria François en se frappant les cuisses
d'un air amusé.**

«Eh? Eh?» ropte François og slo seg muntert på lårene.

**« Regardez Buck, il a tué Spitz, et maintenant il veut prendre
le poste ! »**

«Se på Buck – han drepte Spitz, nå vil han ta jobben!»

« Va-t'en, Chook ! » cria-t-il, essayant de chasser Buck.

«Gå vekk, Chook!» ropte han og prøvde å jage Buck vekk.

Mais Buck refusa de bouger et resta ferme dans la neige.

Men Buck nektet å røre seg og sto stødig i snøen.

François attrapa Buck par la peau du cou et le tira sur le côté.

François grep tak i Bucks skinnekrage og dro ham til side.

Buck grogna bas et menaçant mais n'attaqua pas.

Buck knurret lavt og truende, men angrep ikke.

**François a remis Solleks en tête, tentant de régler le
différend**

François satte Solleks tilbake i ledelsen og prøvde å bilegge
tvisten

Le vieux chien avait peur de Buck et ne voulait pas rester.

Den gamle hunden viste frykt for Buck og ville ikke bli.

**Quand François lui tourna le dos, Buck chassa à nouveau
Solleks.**

Da François snudde ryggen til, drev Buck Solleks ut igjen.

**Solleks n'a pas résisté et s'est discrètement écarté une fois de
plus.**

Solleks gjorde ikke motstand og trakk seg stille til side nok en gang.

François s'est mis en colère et a crié : « Par Dieu, je te répare ! »

François ble sint og ropte: «Ved Gud, jeg reparerer deg!»

Il s'approcha de Buck en tenant une lourde massue à la main.

Han kom mot Buck med en tung kølle i hånden.

Buck se souvenait bien de l'homme au pull rouge.

Buck husket mannen i den røde genseren godt.

Il recula lentement, observant François, mais grognant profondément.

Han trakk seg sakte tilbake, mens han så på François, men knurret dypt.

Il ne s'est pas précipité en arrière, même lorsque Solleks s'est levé à sa place.

Han skyndte seg ikke tilbake, selv ikke da Solleks sto på plassen hans.

Buck tourna en rond juste hors de portée, grognant de fureur et de protestation.

Buck sirklet like utenfor rekkevidde, glefset rasende og protesterende.

Il gardait les yeux fixés sur le gourdin, prêt à esquiver si François lançait.

Han holdt blikket festet på køllen, klar til å dukke unna hvis François kastet.

Il était devenu sage et prudent quant aux manières des hommes armés.

Han hadde blitt klok og forsiktig når det gjaldt menn med våpen.

François abandonna et rappela Buck à son ancienne place.

François ga opp og kalte Buck tilbake til sitt tidligere sted.

Mais Buck recula prudemment, refusant d'obéir à l'ordre.

Men Buck trakk seg forsiktig tilbake og nektet å adlyde ordren.

François le suivit, mais Buck ne recula que de quelques pas supplémentaires.

François fulgte etter, men Buck trakk seg bare noen få skritt tilbake.

Après un certain temps, François jeta l'arme par frustration.

Etter en stund kastet François våpenet ned i frustrasjon.

Il pensait que Buck craignait d'être battu et qu'il allait venir tranquillement.

Han trodde Buck fryktet å bli slått og kom til å komme stille.

Mais Buck n'évitait pas la punition : il se battait pour son rang.

Men Buck unngikk ikke straff – han kjempet for rang.

Il avait gagné la place de chien de tête grâce à un combat à mort.

Han hadde fortjent lederhundplassen gjennom en kamp på liv og død

il n'allait pas se contenter de moins que d'être le leader.

Han ville ikke nøye seg med noe mindre enn å være leder.

Perrault a participé à la poursuite pour aider à attraper le Buck rebelle.

Perrault tok en hånd med i jakten for å hjelpe til med å fange den opprørske Buck.

Ensemble, ils l'ont fait courir dans le camp pendant près d'une heure.

Sammen løp de ham rundt i leiren i nesten en time.

Ils lui lancèrent des coups de massue, mais Buck les esquiva habilement.

De kastet køller mot ham, men Buck unngikk hver enkelt dyktig.

Ils l'ont maudit, lui, ses ancêtres, ses descendants et chaque cheveu de sa personne.

De forbannet ham og hans forfedre og hans etterkommere og hvert hårstrå på ham.

Mais Buck se contenta de gronder en retour et resta hors de leur portée.

Men Buck bare knurret tilbake og holdt seg like utenfor deres rekkevidde.

Il n'a jamais essayé de s'enfuir mais a délibérément tourné autour du camp.

Han prøvde aldri å løpe vekk, men gikk med vilje rundt leiren.

Il a clairement fait savoir qu'il obéirait une fois qu'ils lui auraient donné ce qu'il voulait.

Han gjorde det klart at han kom til å adlyde når de ga ham det han ville ha.

François s'est finalement assis et s'est gratté la tête avec frustration.

François satte seg endelig ned og kløddde seg i hodet i frustrasjon.

Perrault consulta sa montre, jura et marmonna à propos du temps perdu.

Perrault sjekket klokken sin, bannet og mumlet om tapt tid.

Une heure s'était déjà écoulée alors qu'ils auraient dû être sur la piste.

Det hadde allerede gått en time da de skulle ha vært på stien.

François haussa les épaules d'un air penaud en direction du coursier, qui soupira de défaite.

François trakk beskjedent på skuldrene mot kureren, som sukket nederlagsfullt.

François se dirigea alors vers Solleks et appela Buck une fois de plus.

Så gikk François bort til Solleks og ropte på Buck en gang til.

Buck rit comme rit un chien, mais garda une distance prudente.

Buck lo som en hund ler, men holdt forsiktig avstand.

François retira le harnais de Solleks et le remit à sa place.

François tok av Solleks sele og satte ham tilbake på plassen sin.

L'équipe de traîneau était entièrement harnachée, avec seulement une place libre.

Akespannet sto fullt utspent, med bare én ledig plass.

La position de tête est restée vide, clairement destinée à Buck seul.

Lederposisjonen forble tom, tydeligvis ment for Buck alene.

François appela à nouveau, et à nouveau Buck rit et tint bon.

François ropte igjen, og igjen lo Buck og holdt stand.

« Jetez le gourdin», ordonna Perrault sans hésitation.

«Kast ned køllen», beordret Perrault uten å nøle.

François obéit et Buck trotta immédiatement en avant, fièrement.

François adlød, og Buck travet straks stolt fremover.

Il rit triomphalement et prit la tête.

Han lo triumferende og tok ledelsen.

François a sécurisé ses traces et le traîneau a été détaché.

François sikret sporene sine, og sleden ble løsnet.

Les deux hommes couraient côte à côte tandis que l'équipe s'engageait sur le sentier de la rivière.

Begge mennene løp ved siden av mens laget løp inn på elvestien.

François avait une haute opinion des « deux diables » de Buck,

François hadde satt høye krav til Bucks «to djevler».

mais il s'est vite rendu compte qu'il avait en fait sous-estimé le chien.

men han innså snart at han faktisk hadde undervurdert hunden.

Buck a rapidement pris le leadership et a fait preuve d'excellence.

Buck tok raskt lederskap og presterte med dyktighet.

En termes de jugement, de réflexion rapide et d'action, Buck a surpassé Spitz.

I dømmekraft, rask tenkning og rask handling overgikk Buck Spitz.

François n'avait jamais vu un chien égal à celui que Buck présentait maintenant.

François hadde aldri sett en hund som kunne måle seg med den Buck nå viste frem.

Mais Buck excellait vraiment dans l'art de faire respecter l'ordre et d'imposer le respect.

Men Buck utmerket seg virkelig i å håndheve orden og inngyte respekt.

Dave et Solleks ont accepté le changement sans inquiétude ni protestation.

Dave og Solleks aksepterte endringen uten bekymring eller protest.

Ils se concentraient uniquement sur le travail et tiraient fort sur les rênes.

De fokuserte bare på arbeid og å trekke hardt i tøylene.

Peu leur importait de savoir qui menait, tant que le traîneau continuait d'avancer.

De brydde seg lite om hvem som ledet, så lenge sleden fortsatte å bevege seg.

Billee, la joyeuse, aurait pu diriger pour autant qu'ils s'en soucient.

Billee, den muntre, kunne ha ledet an for alt de brydde seg om.

Ce qui comptait pour eux, c'était la paix et l'ordre dans les rangs.

Det som var viktig for dem var ro og orden i rekkene.

Le reste de l'équipe était devenu indiscipliné pendant le déclin de Spitz.

Resten av laget hadde blitt uregjerlige under Spitz' tilbakegang.

Ils furent choqués lorsque Buck les ramena immédiatement à l'ordre.

De ble sjokkerte da Buck umiddelbart tok dem i orden.

Pike avait toujours été paresseux et traînait les pieds derrière Buck.

Pike hadde alltid vært lat og slept beina etter Buck.

Mais maintenant, il a été sévèrement discipliné par la nouvelle direction.

Men nå ble han strengt disiplinert av den nye ledelsen.

Et il a rapidement appris à faire sa part dans l'équipe.

Og han lærte raskt å gjøre sin del av laget.

À la fin de la journée, Pike avait travaillé plus dur que jamais.

Mot slutten av dagen jobbet Pike hardere enn noen gang før.

Cette nuit-là, au camp, Joe, le chien aigri, fut finalement maîtrisé.

Den kvelden i leiren ble Joe, den sure hunden, endelig underkuet.

Spitz n'avait pas réussi à le discipliner, mais Buck n'avait pas échoué.

Spitz hadde unnlatt å disiplinere ham, men Buck sviktet ikke.

Grâce à son poids plus important, Buck a vaincu Joe en quelques secondes.

Ved å bruke sin større vekt overmannet Buck Joe på få sekunder.

Il a mordu et battu Joe jusqu'à ce qu'il gémisse et cesse de résister.

Han bet og slo Joe til han klynket og sluttet å gjøre motstand.

Toute l'équipe s'est améliorée à partir de ce moment-là.

Hele laget forbedret seg fra det øyeblikket av.

Les chiens ont retrouvé leur ancienne unité et leur discipline.

Hundene gjenvant sin gamle samhold og disiplin.

À Rink Rapids, deux nouveaux huskies indigènes, Teek et Koona, nous ont rejoint.

Ved Rink Rapids ble to nye innfødte huskyer, Teek og Koona, med.

La rapidité avec laquelle Buck les dressa étonna même François.

Bucks raske trening av dem forbløffet til og med François.

« Il n'y a jamais eu de chien comme ce Buck ! » s'écria-t-il avec stupéfaction.

«Det har aldri vært en hund som den Buck!» ropte han forbløffet.

« Non, jamais ! Il vaut mille dollars, bon sang ! »

«Nei, aldri! Han er verdt tusen dollar, for pokker!»

« Hein ? Qu'en dis-tu, Perrault ? » demanda-t-il avec fierté.

«Eh? Hva sier du, Perrault?» spurte han stolt.

Perrault hocha la tête en signe d'accord et vérifia ses notes.

Perrault nikket samtykkende og sjekket notatene sine.

Nous sommes déjà en avance sur le calendrier et gagnons chaque jour davantage.

Vi ligger allerede foran skjema og vi får mer hver dag.

Le sentier était dur et lisse, sans neige fraîche.

Løypa var hardpakket og glatt, uten nysnø.

Le froid était constant, oscillant autour de cinquante degrés en dessous de zéro.

Kulden var jevn, og holdt seg på femti minusgrader hele tiden.

Les hommes montaient et couraient à tour de rôle pour se réchauffer et gagner du temps.

Mennene red og løp etter tur for å holde varmen og få tid.

Les chiens couraient vite avec peu d'arrêts, poussant toujours vers l'avant.

Hundene løp fort med få stopp, og presset seg alltid fremover.

La rivière Thirty Mile était en grande partie gelée et facile à traverser.

Thirty Mile-elven var stort sett frossen og lett å ferdes over.

Ils sont sortis en un jour, ce qui leur avait pris dix jours pour venir.

De dro ut på én dag det som hadde tatt ti dager å komme inn.

Ils ont parcouru une distance de soixante milles du lac Le Barge jusqu'à White Horse.

De løp seksti mil fra Lake Le Barge til White Horse.

À travers les lacs Marsh, Tagish et Bennett, ils se déplaçaient incroyablement vite.

Over Marsh-, Tagish- og Bennett-sjøene beveget de seg utrolig raskt.

L'homme qui courait était tiré derrière le traîneau par une corde.

Løpende mann tauet bak sleden i et tau.

La dernière nuit de la deuxième semaine, ils sont arrivés à destination.

Den siste kvelden i uke to kom de frem til bestemmelsesstedet sitt.

Ils avaient atteint ensemble le sommet du col White.

De hadde nådd toppen av White Pass sammen.

Ils sont descendus au niveau de la mer avec les lumières de Skaguay en dessous d'eux.

De falt ned til havnivå med Skaguays lys under seg.

Il s'agissait d'une course record à travers des kilomètres de nature froide et sauvage.

Det hadde vært en rekordsettende løpetur gjennom kilometervis med kald villmark.

Pendant quatorze jours d'affilée, ils ont parcouru en moyenne quarante miles.

I fjorten dager i strekk løp de i gjennomsnitt en solid 64 kilometer.

À Skaguay, Perrault et François transportaient des marchandises à travers la ville.

I Skaguay flyttet Perrault og François last gjennom byen.

Ils ont été acclamés et ont reçu de nombreuses boissons de la part d'une foule admirative.

De ble hyllet og tilbudt mange drinker av beundrende folkemengder.

Les chasseurs de chiens et les ouvriers se sont rassemblés autour du célèbre attelage de chiens.

Hundejegere og arbeidere samlet seg rundt det berømte hundespannet.

Puis les hors-la-loi de l'Ouest arrivèrent en ville et subirent une violente défaite.

Så kom vestlige fredløse til byen og møtte et voldelig nederlag.

Les gens ont vite oublié l'équipe et se sont concentrés sur un nouveau drame.

Folket glemte snart laget og fokuserte på nytt drama.

Puis sont arrivées les nouvelles commandes qui ont tout changé d'un coup.

Så kom de nye ordrene som forandret alt på én gang.

François appela Buck à lui et le serra dans ses bras avec une fierté larmoyante.

François kalte Buck til seg og klemte ham med tårevåt stolthet.

Ce moment fut la dernière fois que Buck revit François.

Det øyeblikket var siste gang Buck så François igjen.

Comme beaucoup d'hommes avant eux, François et Perrault étaient tous deux partis.

Som mange menn før, var både François og Perrault borte.

Un métis écossais a pris en charge Buck et ses coéquipiers de chiens de traîneau.

En skotsk halvblod tok ansvar for Buck og hans sledehundkamerater.

Avec une douzaine d'autres équipes de chiens, ils sont retournés par le sentier jusqu'à Dawson.

Med et dusin andre hundespann returnerte de langs stien til Dawson.

Ce n'était plus une course rapide, juste un travail pénible avec une lourde charge chaque jour.

Det var ingen rask løpetur nå – bare hardt slit med en tung last hver dag.

C'était le train postal qui apportait des nouvelles aux chercheurs d'or près du pôle.

Dette var posttoget som brakte bud til gulljegere nær polpunktet.

Buck n'aimait pas le travail mais le supportait bien, étant fier de ses efforts.

Buck mislikte arbeidet, men tålte det godt og var stolt av innsatsen sin.

Comme Dave et Solleks, Buck a fait preuve de dévouement dans chaque tâche quotidienne.

I likhet med Dave og Solleks viste Buck hengivenhet til hver eneste daglige oppgave.

Il s'est assuré que chacun de ses coéquipiers fasse sa part du travail.

Han sørget for at lagkameratene hans gjorde sitt ytterste.

La vie sur les sentiers est devenue ennuyeuse, répétée avec la précision d'une machine.

Livet på stiene ble kjedelig, gjentatt med en maskins presisjon.

Chaque jour était le même, un matin se fondant dans le suivant.

Hver dag føltes lik, den ene morgenen gikk over i den neste.

À la même heure, les cuisiniers se levèrent pour allumer des feux et préparer la nourriture.

I samme time sto kokkene opp for å lage bål og lage mat.

Après le petit-déjeuner, certains quittèrent le camp tandis que d'autres attelèrent les chiens.

Etter frokost forlot noen leiren mens andre spente på hundene.

Ils ont pris la route avant que le faible avertissement de l'aube ne touche le ciel.

De kom i gang før den svake varsellyden om daggry nådde himmelen.

La nuit, ils s'arrêtaient pour camper, chaque homme ayant une tâche précise.

Om natten stoppet de for å slå leir, hver mann med en fast plikt.

Certains ont monté les tentes, d'autres ont coupé du bois de chauffage et ramassé des branches de pin.

Noen slo opp teltene, andre hogg ved og samlet furugrener.

De l'eau ou de la glace étaient ramenées aux cuisiniers pour le repas du soir.

Vann eller is ble båret tilbake til kokkene til kveldsmåltidet.

Les chiens ont été nourris et c'était le meilleur moment de la journée pour eux.

Hundene fikk mat, og dette var den beste delen av dagen for dem.

Après avoir mangé du poisson, les chiens se sont détendus et se sont allongés près du feu.

Etter å ha spist fisk, slappet hundene av og lå og slengte seg rundt bålet.

Il y avait une centaine d'autres chiens dans le convoi avec lesquels se mêler.

Det var hundre andre hunder i konvoien å omgås med.

Beaucoup de ces chiens étaient féroces et prompts à se battre sans prévenir.

Mange av disse hundene var ville og raske til å slåss uten forvarsel.

Mais après trois victoires, Buck a maîtrisé même les combattants les plus féroces.

Men etter tre seire mestret Buck selv de tøffeste slåsskjempene.

Maintenant, quand Buck grogna et montra ses dents, ils s'écartèrent.

Da Buck knurret og viste tennene, trakk de seg til side.

Mais le plus beau dans tout ça, c'est que Buck aimait s'allonger près du feu de camp vacillant.

Kanskje aller best var det at Buck elsket å ligge ved det blafrende bålet.

Il s'accroupit, les pattes arrière repliées et les pattes avant tendues vers l'avant.

Han satt på huk med bakbeina innfelt og forbeina strukket fremover.

Sa tête était levée tandis qu'il cligna doucement des yeux devant les flammes rougeoyantes.

Hodet hans var hevet mens han blunket mykt mot de glødende flammene.

Parfois, il se souvenait de la grande maison du juge Miller à Santa Clara.

Noen ganger mintes han dommer Millers store hus i Santa Clara.

Il pensait à la piscine en ciment, à Ysabel et au carlin appelé Toots.

Han tenkte på sementbassenget, på Ysabel og mopsen som het Toots.

Mais le plus souvent, il se souvenait du gourdin de l'homme au pull rouge.

Men oftere husket han mannen med køllen til den røde genseren.

Il se souvenait de la mort de Curly et de sa bataille acharnée contre Spitz.

Han husket Krølletes død og hans harde kamp med Spitz.

Il se souvenait aussi des bons plats qu'il avait mangés ou dont il rêvait encore.

Han mintes også den gode maten han hadde spist eller fortsatt drømte om.

Buck n'avait pas le mal du pays : la vallée chaude était lointaine et irréelle.

Buck lengtet ikke hjem – den varme dalen var fjern og uvirkelig.

Les souvenirs de Californie n'avaient plus vraiment d'influence sur lui.

Minnene fra California hadde ikke lenger noen reell tiltrekningskraft på ham.

Plus forts que la mémoire étaient les instincts profondément ancrés dans sa lignée.

Sterkere enn hukommelsen var instinkter dypt i hans blodslinje.

Les habitudes autrefois perdues étaient revenues, ravivées par le sentier et la nature sauvage.

Vaner som en gang var tapt hadde kommet tilbake, gjenopplivet av stien og villmarken.

Tandis que Buck regardait la lumière du feu, cela devenait parfois autre chose.

Når Buck så på lyset fra bålet, ble det noen ganger til noe annet.

Il vit à la lueur du feu un autre feu, plus vieux et plus profond que celui-ci.

Han så i lyset fra ilden en annen ild, eldre og dypere enn den nåværende.

À côté de cet autre feu se tenait accroupi un homme qui ne ressemblait pas au cuisinier métis.

Ved siden av den andre ilden satt en mann ulik den halvblods kokken.

Cette figurine avait des jambes courtes, de longs bras et des muscles durs et noués.

Denne figuren hadde korte ben, lange armer og harde, sammenknyttede muskler.

Ses cheveux étaient longs et emmêlés, tombant en arrière à partir des yeux.

Håret hans var langt og flokete, og skrånet bakover fra øynene.

Il émit des sons étranges et regarda l'obscurité avec peur.

Han lagde merkelige lyder og stirret fryktsomt ut i mørket.

Il tenait une massue en pierre basse, fermement serrée dans sa longue main rugueuse.

Han holdt en steinkølle lavt, hardt klemt i den lange, ru hånden sin.

L'homme portait peu de vêtements ; juste une peau carbonisée qui pendait dans son dos.

Mannen hadde lite på seg; bare en forkullet hud som hang nedover ryggen hans.

Son corps était couvert de poils épais sur les bras, la poitrine et les cuisses.

Kroppen hans var dekket av tykt hår på armene, brystet og lårene.

Certaines parties des cheveux étaient emmêlées en plaques de fourrure rugueuse.

Noen deler av håret var flokete inn i flekker med ru pels.

Il ne se tenait pas droit mais penché en avant des hanches jusqu'aux genoux.

Han sto ikke rett, men bøyde seg fremover fra hoftene til knærne.

Ses pas étaient élastiques et félins, comme s'il était toujours prêt à bondir.

Skrittene hans var fjærende og katteaktige, som om han alltid var klar til å hoppe.

Il y avait une vive vigilance, comme s'il vivait dans une peur constante.

Det var en skarp årvåkenhet, som om han levde i konstant frykt.

Cet homme ancien semblait s'attendre au danger, que le danger soit perçu ou non.

Denne eldgamle mannen syntes å forvente fare, enten faren ble sett eller ikke.

Parfois, l'homme poilu dormait près du feu, la tête entre les jambes.

Til tider sov den hårete mannen ved bålet med hodet mellom beina.

Ses coudes reposaient sur ses genoux, ses mains jointes au-dessus de sa tête.

Albuene hans hvilte på knærne, hendene foldet over hodet.

Comme un chien, il utilisait ses bras velus pour se débarrasser de la pluie qui tombait.

Som en hund brukte han sine hårete armer til å felle av seg det fallende regnet.

Au-delà de la lumière du feu, Buck vit deux charbons jumeaux briller dans l'obscurité.

Bak lyset fra bålet så Buck to kull som glødet i mørket.

Toujours deux par deux, ils étaient les yeux des bêtes de proie traquantes.

Alltid to og to, var de øynene til forfølgende rovdyr.

Il entendit des corps s'écraser à travers les broussailles et des bruits se faire entendre dans la nuit.

Han hørte kropper krasje gjennom kratt og lyder laget om natten.

Allongé sur la rive du Yukon, clignant des yeux, Buck rêvait près du feu.

Buck lå og blunket ved bålet og drømte på Yukon-bredden.

Les images et les sons de ce monde sauvage lui faisaient dresser les cheveux sur la tête.

Synene og lydene fra den ville verdenen fikk hårene hans til å reise seg.

La fourrure s'élevait le long de son dos, de ses épaules et de son cou.

Pelsen steg langs ryggen, skuldrene og oppover nakken hans.

Il gémissait doucement ou émettait un grognement sourd au plus profond de sa poitrine.

Han klynket lavt eller knurret lavt dypt inne i brystet.

Alors le cuisinier métis cria : « Hé, toi Buck, réveille-toi ! »

Så ropte halvblodskokken: «Hei, Buck, våkn opp!»

Le monde des rêves a disparu et la vraie vie est revenue aux yeux de Buck.

Drømmeverdenen forsvant, og det virkelige livet vendte tilbake til Bucks øyne.

Il allait se lever, s'étirer et bâiller, comme s'il venait de se réveiller d'une sieste.

Han skulle til å reise seg, strekke seg og gjespe, som om han hadde vekket fra en lur.

Le voyage était difficile, avec le traîneau postal qui traînait derrière eux.

Turen var hard, med postsleden som slepte etter dem.

Les lourdes charges et le travail pénible épuisaient les chiens à chaque longue journée.

Tunge lass og hardt arbeid slet ut hundene hver lange dag.

Ils arrivèrent à Dawson maigres, fatigués et ayant besoin de plus d'une semaine de repos.

De ankom Dawson tynne, slitne og trengte over en ukes hvile.

Mais seulement deux jours plus tard, ils repartaient sur le Yukon.

Men bare to dager senere la de ut nedover Yukon igjen.

Ils étaient chargés de lettres supplémentaires destinées au monde extérieur.

De var lastet med flere brev på vei til omverdenen.

Les chiens étaient épuisés et les hommes se plaignaient constamment.

Hundene var utslitte, og mennene klaget konstant.

La neige tombait tous les jours, ramollissant le sentier et ralentissant les traîneaux.

Snøen falt hver dag, noe som myknet opp stien og bremset sledene.

Cela a rendu la traction plus difficile et a entraîné plus de traînée sur les patins.

Dette førte til hardere drag og mer luftmotstand for løperne.

Malgré cela, les pilotes étaient justes et se souciaient de leurs équipes.

Til tross for det var sjåførene rettferdige og brydde seg om lagene sine.

Chaque nuit, les chiens étaient nourris avant que les hommes ne puissent manger.

Hver kveld ble hundene matet før mennene fikk spise.

Aucun homme ne dormait avant de vérifier les pattes de son propre chien.

Ingen mann sov før han sjekket føttene til sin egen hund.

Cependant, les chiens s'affaiblissaient à mesure que les kilomètres s'écoulaient sur leur corps.

Likevel ble hundene svakere etter hvert som kilometerne gikk på kroppen.

Ils avaient parcouru mille huit cents kilomètres pendant l'hiver.

De hadde reist atten hundre mil gjennom vinteren.

Ils ont tiré des traîneaux sur chaque kilomètre de cette distance brutale.

De dro sleder over hver kilometer av den brutale distansen.

Même les chiens de traîneau les plus robustes ressentent de la tension après tant de kilomètres.

Selv de tøffeste sledehundene føler belastning etter så mange kilometer.

Buck a tenu bon, a permis à son équipe de travailler et a maintenu la discipline.

Buck holdt ut, holdt laget sitt i gang og opprettholdt disiplinen.

Mais Buck était fatigué, tout comme les autres pendant le long voyage.

Men Buck var sliten, akkurat som de andre på den lange reisen.

Billee gémissait et pleurait dans son sommeil chaque nuit sans faute.

Billee klynket og gråt i søvne hver natt uten å feile.

Joe devint encore plus amer et Solleks resta froid et distant.

Joe ble enda mer bitter, og Solleks forble kald og distansert.

Mais c'est Dave qui a le plus souffert de toute l'équipe.

Men det var Dave som led verst av hele laget.

Quelque chose n'allait pas en lui, même si personne ne savait quoi.

Noe hadde gått galt inni ham, selv om ingen visste hva.

Il est devenu de plus en plus maussade et s'en est pris aux autres avec une colère croissante.

Han ble mer humørsyk og glefset til andre med økende sinne.

Chaque nuit, il se rendait directement à son nid, attendant d'être nourri.

Hver natt gikk han rett til reiret sitt og ventet på å bli matet.

Une fois tombé, Dave ne s'est pas relevé avant le matin.

Da han først var nede, sto ikke Dave opp igjen før om morgenen.

Sur les rênes, des secousses ou des sursauts brusques le faisaient crier de douleur.

På tøylene fikk plutselige rykk eller rykk ham til å gråte av smerte.

Son chauffeur a recherché la cause du sinistre, mais n'a constaté aucune blessure.

Sjåføren hans lette etter årsaken, men fant ingen skader på ham.

Tous les conducteurs ont commencé à regarder Dave et ont discuté de son cas.

Alle sjåførene begynte å se på Dave og diskuterte saken hans.

Ils ont discuté pendant les repas et pendant leur dernière cigarette de la journée.

De snakket sammen under måltidene og under dagens siste røyk.

Une nuit, ils ont tenu une réunion et ont amené Dave au feu.

En kveld holdt de et møte og tok Dave med til bålet.

Ils pressèrent et sondèrent son corps, et il cria souvent.

De presset og undersøkte kroppen hans, og han gråt ofte.

De toute évidence, quelque chose n'allait pas, même si aucun os ne semblait cassé.

Det var tydelig at noe var galt, selv om ingen bein så ut til å være brukket.

Au moment où ils atteignirent Cassiar Bar, Dave était en train de tomber.

Da de kom til Cassiar Bar, holdt Dave på å falle om.

Le métis écossais a appelé à la fin et a retiré Dave de l'équipe.

Den skotske halvblodsrasen ga stopp og fjernet Dave fra laget.

Il a attaché Solleks à la place de Dave, le plus près de l'avant du traîneau.

Han festet Sollekene på Daves plass, nærmest sledens forside.

Il avait l'intention de laisser Dave se reposer et courir librement derrière le traîneau en mouvement.

Han mente å la Dave hvile og løpe fritt bak den bevegelige sleden.

Mais même malade, Dave détestait être privé du travail qu'il avait occupé.

Men selv om han var syk, hatet Dave å bli tatt fra jobben han hadde hatt.

Il grogna et gémit tandis que les rênes étaient retirées de son corps.

Han knurret og klynket idet tøylene ble trukket fra kroppen hans.

Quand il vit Solleks à sa place, il pleura de douleur.

Da han så Solleks på sin plass, gråt han av knust hjerte.

La fierté du travail sur les sentiers était profonde chez Dave, même à l'approche de la mort.

Stoltheten over stiarbeidet satt dypt i Dave, selv da døden nærmet seg.

Alors que le traîneau se déplaçait, Dave pataugeait dans la neige molle près du sentier.

Mens sleden beveget seg, famlet Dave gjennom myk snø nær stien.

Il a attaqué Solleks, le mordant et le poussant du côté du traîneau.

Han angrep Solleks, bet og dyttet ham fra siden av sleden.

Dave a essayé de sauter dans le harnais et de récupérer sa place de travail.

Dave prøvde å hoppe inn i selen og gjenerobre arbeidsplassen sin.

Il hurlait, gémissait et pleurait, déchiré entre la douleur et la fierté du travail.

Han hylte, klynket og gråt, revet mellom smerte og stolthet over arbeidet.

Le métis a utilisé son fouet pour essayer de chasser Dave de l'équipe.

Halvrasen brukte pisken sin til å prøve å drive Dave vekk fra laget.

Mais Dave ignora le coup de fouet, et l'homme ne put pas le frapper plus fort.

Men Dave ignorerte piskingen, og mannen kunne ikke slå ham hardere.

Dave a refusé le chemin le plus facile derrière le traîneau, où la neige était tassée.

Dave nektet å ta den enklere stien bak sleden, der snøen var pakket sammen.

Au lieu de cela, il se débattait dans la neige profonde à côté du sentier, dans la misère.

I stedet slet han i den dype snøen ved siden av stien, i elendighet.

Finalement, Dave s'est effondré, allongé dans la neige et hurlant de douleur.

Til slutt kollapset Dave, liggende i snøen og ulte av smerte.

Il cria tandis que le long train de traîneaux le dépassait un par un.

Han ropte ut idet det lange toget med sleder passerte ham én etter én.

Pourtant, avec ce qu'il lui restait de force, il se leva et trébucha après eux.

Likevel, med den styrke han hadde igjen, reiste han seg og snublet etter dem.

Il l'a rattrapé lorsque le train s'est arrêté à nouveau et a retrouvé son vieux traîneau.

Han tok igjen da toget stoppet igjen og fant den gamle sleden sin.

Il a dépassé les autres équipes et s'est retrouvé à nouveau aux côtés de Solleks.

Han famlet forbi de andre lagene og stilte seg ved siden av Solleks igjen.

Alors que le conducteur s'arrêtait pour allumer sa pipe, Dave saisit sa dernière chance.

Idet sjåføren stoppet for å tenne pipa si, tok Dave sin siste sjanse.

Lorsque le chauffeur est revenu et a crié, l'équipe n'a pas avancé.

Da sjåføren kom tilbake og ropte, beveget ikke teamet seg fremover.

Les chiens avaient tourné la tête, déconcertés par l'arrêt soudain.

Hundene hadde snudd hodene, forvirret av den plutselige stansen.

Le conducteur était également choqué : le traîneau n'avait pas avancé d'un pouce.

Sjåføren ble også sjokkert – sleden hadde ikke beveget seg en tomme fremover.

Il a appelé les autres pour qu'ils viennent voir ce qui s'était passé.

Han ropte til de andre at de skulle komme og se hva som hadde skjedd.

Dave avait mâché les rênes de Solleks, les brisant toutes les deux.

Dave hadde tygget seg gjennom Solleks' tøyler og brukket begge fra hverandre.

Il se tenait maintenant devant le traîneau, de retour à sa position légitime.

Nå sto han foran sleden, tilbake i sin rettmessige posisjon.

Dave leva les yeux vers le conducteur, le suppliant silencieusement de rester dans les traces.

Dave så opp på sjåføren og tryglet i stillhet om å få holde seg i sporene.

Le conducteur était perplexe, ne sachant pas quoi faire pour le chien en difficulté.

Sjåføren var forvirret og usikker på hva han skulle gjøre med den sliterende hunden.

Les autres hommes parlaient de chiens qui étaient morts après avoir été emmenés dehors.

De andre mennene snakket om hunder som hadde dødd av å bli tatt ut.

Ils ont parlé de chiens âgés ou blessés dont le cœur se brisait lorsqu'ils étaient abandonnés.

De fortalte om gamle eller skadde hunder som fikk hjertene sine knust når de ble etterlatt.

Ils ont convenu que c'était une preuve de miséricorde de laisser Dave mourir alors qu'il était encore dans son harnais.

De var enige om at det var barmhjertighet å la Dave dø mens han fortsatt var i selen sin.

Il était attaché au traîneau et Dave tirait avec fierté.

Han ble festet tilbake på sleden, og Dave dro med stolthet.

Même s'il criait parfois, il travaillait comme si la douleur pouvait être ignorée.

Selv om han ropte til tider, jobbet han som om smerte kunne ignoreres.

Plus d'une fois, il est tombé et a été traîné avant de se relever.

Mer enn én gang falt han og ble dratt med seg før han reiste seg igjen.

Un jour, le traîneau l'a écrasé et il a boité à partir de ce moment-là.

En gang rullet sleden over ham, og han haltet fra det øyeblikket av.

Il travailla néanmoins jusqu'à ce qu'il atteigne le camp, puis s'allongea près du feu.

Likevel jobbet han til han nådde leiren, og deretter lå han ved bålet.

Le matin, Dave était trop faible pour voyager ou même se tenir debout.

Om morgenen var Dave for svak til å reise eller til og med stå oppreist.

Au moment de l'attelage, il essaya d'atteindre son conducteur avec un effort tremblant.

Da det var tid for å spene fast bilen, prøvde han med skjelvende anstrengelse å nå frem til sjåføren.

Il se força à se relever, tituba et s'effondra sur le sol enneigé.

Han tvang seg opp, sjanglet og kollapset ned på den snødekte bakken.

À l'aide de ses pattes avant, il a traîné son corps vers la zone de harnais.

Ved hjelp av forbeina dro han kroppen sin mot seleområdet.

Il s'avança, pouce par pouce, vers les chiens de travail.

Han hvilte seg fremover, tomme for tomme, mot
arbeidshundene.

**Ses forces l'abandonnèrent, mais il continua d'avancer dans
sa dernière poussée désespérée.**

Kreftene hans sviktet, men han fortsatte i sitt siste desperate
fremstøt.

**Ses coéquipiers l'ont vu haleter dans la neige, impatients de
les rejoindre.**

Lagkameratene hans så ham gispe i snøen, fortsatt lengtende
etter å bli med dem.

**Ils l'entendirent hurler de tristesse alors qu'ils quittaient le
camp.**

De hørte ham hyle av sorg idet de forlot leiren.

**Alors que l'équipe disparaissait dans les arbres, le cri de
Dave résonna derrière eux.**

Idet teamet forsvant inn i trærne, ekkoet Daves rop bak dem.

**Le train de traîneaux s'est brièvement arrêté après avoir
traversé un tronçon de forêt fluviale.**

Sledetoget stoppet kort etter å ha krysset en strekning med
elvetømmer.

**Le métis écossais retourna lentement vers le camp situé
derrière lui.**

Den skotske halvblodshunden gikk sakte tilbake mot leiren
bak.

**Les hommes ont arrêté de parler quand ils l'ont vu quitter le
train de traîneaux.**

Mennene sluttet å snakke da de så ham forlate sledetoget.

**Puis un coup de feu retentit clairement et distinctement de
l'autre côté du sentier.**

Så runget et enkelt skudd klart og skarpt over stien.

L'homme revint rapidement et reprit sa place sans un mot.

Mannen kom raskt tilbake og tok plassen sin uten et ord.

**Les fouets claquaient, les cloches tintaient et les traîneaux
roulaient dans la neige.**

Pisker knaket, bjeller klang, og sledene rullet videre gjennom
snøen.

Mais Buck savait ce qui s'était passé, et tous les autres chiens aussi.

Men Buck visste hva som hadde skjedd – og det gjorde alle andre hunder også.

Le travail des rênes et du sentier
Tøylenes og sporets slit

Trente jours après avoir quitté Dawson, le Salt Water Mail atteignit Skaguay.
Tretti dager etter at de forlot Dawson, nådde Salt Water Mail Skaguay.

Buck et ses coéquipiers ont pris la tête, arrivant dans un état pitoyable.
Buck og lagkameratene hans tok ledelsen og ankom i ynkelig forfatning.

Buck était passé de cent quarante à cent quinze livres.
Buck hadde gått ned fra hundre og førti til hundre og femten pund.

Les autres chiens, bien que plus petits, avaient perdu encore plus de poids.
De andre hundene, selv om de var mindre, hadde mistet enda mer kroppsvekt.

Pike, autrefois un faux boiteux, traînait désormais derrière lui une jambe véritablement blessée.
Pike, en gang en falsk halter, dro nå et virkelig skadet bein etter seg.

Solleks boitait beaucoup et Dub avait une omoplate déchirée.
Solleks haltet stygt, og Dub hadde et vridd skulderblad.

Tous les chiens de l'équipe avaient mal aux pieds après des semaines passées sur le sentier gelé.
Alle hundene i spannet hadde vondt i føttene etter flere uker på den frosne stien.

Ils n'avaient plus aucun ressort dans leurs pas, seulement un mouvement lent et traînant.
De hadde ingen fjærhet igjen i skrittene sine, bare langsom, slepende bevegelse.

Leurs pieds heurtent durement le sentier, chaque pas ajoutant plus de tension à leur corps.
Føttene deres traff stien hardt, og hvert skritt belastet kroppen mer.

Ils n'étaient pas malades, seulement épuisés au-delà de toute guérison naturelle.

De var ikke syke, bare uttømte til det uunngåelige.

Ce n'était pas la fatigue d'une dure journée, guérie par une nuit de repos.

Dette var ikke tretthet etter én hard dag, kurert med en natts søvn.

C'était un épuisement qui s'était construit lentement au fil de mois d'efforts épuisants.

Det var utmattelse som sakte bygget seg opp gjennom måneder med knallhard innsats.

Il ne leur restait plus aucune force de réserve : ils avaient épuisé toutes leurs forces.

Ingen reservestyrke var igjen – de hadde brukt opp alt de hadde.

Chaque muscle, chaque fibre et chaque cellule de leur corps étaient épuisés et usés.

Hver muskel, fiber og celle i kroppene deres var utslitt og utslitt.

Et il y avait une raison : ils avaient parcouru deux mille cinq cents kilomètres.

Og det var en grunn – de hadde tilbakelagt tjuefem hundre mil.

Ils ne s'étaient reposés que cinq jours au cours des mille huit cents derniers kilomètres.

De hadde bare hvilt i fem dager i løpet av de siste atten hundre milene.

Lorsqu'ils arrivèrent à Skaguay, ils semblaient à peine capables de se tenir debout.

Da de nådde Skaguay, så det ut til at de knapt kunne stå oppreist.

Ils ont lutté pour garder les rênes serrées et rester devant le traîneau.

De slet med å holde tøylene stramme og holde seg foran sleden.

Dans les descentes, ils ont tout juste réussi à éviter d'être écrasés.

I nedoverbakker klarte de bare å unngå å bli påkjørt.

« Continuez, pauvres pieds endoloris », dit le chauffeur tandis qu'ils boitaient.

«Marsjér videre, stakkars såre føtter», sa sjåføren mens de haltet avgårde.

« C'est la dernière ligne droite, après quoi nous aurons tous droit à un long repos, c'est sûr. »

«Dette er den siste strekningen, så får vi alle én lang hvile, helt sikkert.»

« Un très long repos », promit-il en les regardant avancer en titubant.

«Én skikkelig lang hvil», lovet han, mens han så dem sjangle fremover.

Les pilotes s'attendaient à bénéficier d'une longue pause bien méritée.

Sjåførene forventet at de nå skulle få en lang, tiltrengt pause.

Ils avaient parcouru douze cents milles avec seulement deux jours de repos.

De hadde tilbakelagt tolv hundre mil med bare to dagers hvile.

Par souci d'équité et de raison, ils estimaient avoir mérité un temps de détente.

Av rettferdighet og fornuft følte de at de hadde fortjent tid til å slappe av.

Mais trop de gens étaient venus au Klondike et trop peu étaient restés chez eux.

Men for mange hadde kommet til Klondike, og for få hadde blitt hjemme.

Les lettres des familles ont afflué, créant des piles de courrier en retard.

Brev fra familier strømmet inn, og skapte bunker med forsinket post.

Les ordres officiels sont arrivés : de nouveaux chiens de la Baie d'Hudson allaient prendre le relais.

Offisielle ordrer kom – nye hunder fra Hudson Bay skulle ta over.

Les chiens épuisés, désormais considérés comme sans valeur, devaient être éliminés.

De utmattede hundene, nå kalt verdiløse, skulle kvittes med.

Comme l'argent comptait plus que les chiens, ils allaient être vendus à bas prix.

Siden penger betydde mer enn hunder, skulle de selges billig.

Trois jours supplémentaires passèrent avant que les chiens ne ressentent à quel point ils étaient faibles.

Tre dager til gikk før hundene kjente hvor svake de var.

Le quatrième matin, deux hommes venus des États-Unis ont acheté toute l'équipe.

Den fjerde morgenen kjøpte to menn fra Statene hele laget.

La vente comprenait tous les chiens, ainsi que leur harnais usagé.

Salget inkluderte alle hundene, pluss det brukte seleutstyret deres.

Les hommes s'appelaient mutuellement « Hal » et « Charles » lorsqu'ils concluaient l'affaire.

Mennene kalte hverandre «Hal» og «Charles» mens de fullførte avtalen.

Charles était d'âge moyen, pâle, avec des lèvres molles et des pointes de moustache féroces.

Charles var middelaldrende, blek, med slappe lepper og hissige barttupper.

Hal était un jeune homme, peut-être âgé de dix-neuf ans, portant une ceinture bourrée de cartouches.

Hal var en ung mann, kanskje nitten, som hadde på seg et belte fylt med patroner.

La ceinture contenait un gros revolver et un couteau de chasse, tous deux inutilisés.

Beltet inneholdt en stor revolver og en jaktkniv, begge ubrukte.

Cela a montré à quel point il était inexpérimenté et inapte à la vie dans le Nord.

Det viste hvor uerfaren og uskikket han var for livet i nord.

Aucun des deux hommes n'appartenait à la nature sauvage ; leur présence défiait toute raison.

Ingen av mennene hørte hjemme i villmarken; deres tilstedeværelse trosset all fornuft.

Buck a regardé l'argent échanger des mains entre l'acheteur et l'agent.

Buck så på mens penger utvekslet hender mellom kjøper og megler.

Il savait que les conducteurs du train postal allaient le quitter comme les autres.

Han visste at posttogførerne forlot livet hans som alle andre.

Ils suivirent Perrault et François, désormais irrévocables.

De fulgte Perrault og François, som nå var ubrukelige å huske.

Buck et l'équipe ont été conduits dans le camp négligé de leurs nouveaux propriétaires.

Buck og teamet ble ført til sine nye eiers slurvete leir.

La tente s'affaissait, la vaisselle était sale et tout était en désordre.

Teltet hang, oppvasken var skitten, og alt lå i uorden.

Buck remarqua également une femme : Mercedes, la femme de Charles et la sœur de Hal.

Buck la også merke til en kvinne der – Mercedes, Charles' kone og Hals søster.

Ils formaient une famille complète, bien que loin d'être adaptée au sentier.

De utgjorde en komplett familie, men langt fra egnet til løypa.

Buck regarda nerveusement le trio commencer à emballer les fournitures.

Buck så nervøst på mens trioen begynte å pakke utstyret.

Ils ont travaillé dur mais sans ordre, juste du grabuge et des efforts gaspillés.

De jobbet hardt, men uten orden – bare styr og bortkastet innsats.

La tente a été roulée dans une forme volumineuse, beaucoup trop grande pour le traîneau.

Teltet var rullet sammen til en klumpete form, altfor stor for sleden.

La vaisselle sale a été emballée sans avoir été nettoyée ni séchée du tout.

Skitten oppvask ble pakket uten å bli rengjort eller tørket i det hele tatt.

Mercedes voltigeait, parlant constamment, corrigeant et intervenant.

Mercedes flagret rundt, snakket, korrigerte og blandet seg stadig vekk.

Lorsqu'un sac était placé à l'avant, elle insistait pour qu'il soit placé à l'arrière.

Da en sekk ble plassert foran, insisterte hun på at den skulle legges på baksiden.

Elle a mis le sac au fond, et l'instant d'après, elle en avait besoin.

Hun pakket sekken i bunnen, og i neste øyeblikk trengte hun den.

Le traîneau a donc été déballé à nouveau pour atteindre le sac spécifique.

Så ble sleden pakket ut igjen for å nå den ene spesifikke sekken.

À proximité, trois hommes se tenaient devant une tente, observant la scène se dérouler.

I nærheten sto tre menn utenfor et telt og så på hendelsen som utspilte seg.

Ils souriaient, faisaient des clins d'œil et souriaient à la confusion évidente des nouveaux arrivants.

De smilte, blunket og gliste av nykommernes åpenbare forvirring.

« Vous avez déjà une charge très lourde », dit l'un des hommes.

«Du har allerede en skikkelig tung last», sa en av mennene.

« Je ne pense pas que tu devrais porter cette tente, mais c'est ton choix. »

«Jeg synes ikke du bør bære det teltet, men det er ditt valg.»

« Inimaginable ! » s'écria Mercedes en levant les mains de désespoir.

«Uansett!» ropte Mercedes og slo hendene i været i fortvilelse.

« Comment pourrais-je voyager sans une tente sous laquelle dormir ? »

«Hvordan skulle jeg i det hele tatt kunne reise uten et telt å overnatte i?»

**« C'est le printemps, vous ne verrez plus jamais de froid »,
répondit l'homme.**

«Det er vår – du kommer ikke til å se kaldt vær igjen», svarte mannen.

Mais elle secoua la tête et ils continuèrent à empiler des objets sur le traîneau.

Men hun ristet på hodet, og de fortsatte å stable gjenstander oppå sleden.

La charge s'élevait dangereusement alors qu'ils ajoutaient les dernières choses.

Lasten tårnet seg faretruende høyt da de la til de siste tingene.

« Tu penses que le traîneau va rouler ? » demanda l'un des hommes avec un regard sceptique.

«Tror du sleden vil kjøre?» spurte en av mennene med et skeptisk blikk.

« Pourquoi pas ? » rétorqua Charles, vivement agacé.

«Hvorfor skulle det ikke?» glefset Charles tilbake med skarp irritasjon.

« Oh, ce n'est pas grave », dit rapidement l'homme, s'éloignant de l'offense.

«Å, det er greit», sa mannen raskt, og trakk seg unna fornærmelsen.

« Je me demandais juste – ça me semblait un peu trop lourd. »

«Jeg bare lurte – den så bare litt for tung ut på toppen.»

Charles se détourna et attacha la charge du mieux qu'il put.

Charles snudde seg bort og bandt fast lasten så godt han kunne.

Mais les attaches étaient lâches et l'emballage mal fait dans l'ensemble.

Men surringene var løse og pakkingen dårlig utført generelt.

« Bien sûr, les chiens tireront ça toute la journée », a dit un autre homme avec sarcasme.

«Jada, hundene kommer til å trekke med den hele dagen», sa en annen mann sarkastisk.

« Bien sûr », répondit froidement Hal en saisissant le long mât du traîneau.

«Selvfølgelig», svarte Hal kaldt og grep tak i den lange gee-stangen på sleden.

D'une main sur le poteau, il faisait tournoyer le fouet dans l'autre.

Med den ene hånden på stangen svingte han pisken i den andre.

« Allons-y ! » cria-t-il. « Allez ! » exhortant les chiens à démarrer.

«La oss gå!» ropte han. «Flytt på!» og oppfordret hundene til å sette i gang.

Les chiens se sont penchés sur le harnais et ont tendu pendant quelques instants.

Hundene lente seg inn i selen og anstrengte seg i noen øyeblikk.

Puis ils s'arrêtèrent, incapables de déplacer d'un pouce le traîneau surchargé.

Så stoppet de, ute av stand til å rikke den overlastede sleden en tomme.

« Ces brutes paresseuses ! » hurla Hal en levant le fouet pour les frapper.

«De late beistene!» ropte Hal og løftet pisken for å slå dem.

Mais Mercedes s'est précipitée et a saisi le fouet des mains de Hal.

Men Mercedes stormet inn og grep pisken fra Hals hender.

« Oh, Hal, n'ose pas leur faire de mal », s'écria-t-elle, alarmée.

«Å, Hal, ikke våg å skade dem!» ropte hun forferdet.

« Promets-moi que tu seras gentil avec eux, sinon je n'irai pas plus loin. »

«Lov meg at du skal være snill mot dem, ellers går jeg ikke et skritt til.»

« Tu ne connais rien aux chiens », lança Hal à sa sœur.

«Du aner ikke en dæsj om hunder», glefset Hal til søsteren sin.

« Ils sont paresseux, et la seule façon de les déplacer est de les fouetter. »

«De er late, og den eneste måten å flytte dem på er å piske dem.»

« Demandez à n'importe qui, demandez à l'un de ces hommes là-bas si vous doutez de moi. »

«Spør hvem som helst – spør en av de mennene der borte hvis du tviler på meg.»

Mercedes regarda les spectateurs avec des yeux suppliants et pleins de larmes.

Mercedes så på tilskuerne med bedende, tårevåte øyne.

Son visage montrait à quel point elle détestait la vue de la douleur.

Ansiktet hennes viste hvor dypt hun hatet synet av smerte.

« Ils sont faibles, c'est tout », dit un homme. « Ils sont épuisés. »

«De er svake, det er alt», sa en mann. «De er utslitte.»

« Ils ont besoin de repos, ils ont travaillé trop longtemps sans pause. »

«De trenger hvile – de har jobbet for lenge uten pause.»

« Que le repos soit maudit », murmura Hal, la lèvre retroussée.

«Forbannet være resten», mumlet Hal med krøllet leppe.

Mercedes haleta, clairement peinée par ce mot grossier de sa part.

Mercedes gispet, tydelig plaget av de grove ordene fra ham.

Pourtant, elle est restée loyale et a immédiatement défendu son frère.

Likevel forble hun lojal og forsvarte broren sin umiddelbart.

« Ne fais pas attention à cet homme », dit-elle à Hal. « Ce sont nos chiens. »

«Ikke bry deg om den mannen», sa hun til Hal. «De er hundene våre.»

« Vous les conduisez comme bon vous semble, faites ce que vous pensez être juste. »

«Du kjører dem slik du synes passer – gjør det du synes er riktig.»

Hal leva le fouet et frappa à nouveau les chiens sans pitié.

Hal hevet pisken og slo hundene igjen uten nåde.

Ils se sont précipités en avant, le corps bas, les pieds poussant dans la neige.

De kastet seg fremover, med kroppene lavt nede og føttene presset ned i snøen.

Toutes leurs forces étaient utilisées pour tirer, mais le traîneau ne bougeait pas.

All deres styrke gikk med til å trekke, men sleden beveget seg ikke.

Le traîneau est resté coincé, comme une ancre figée dans la neige tassée.

Kjelken ble stående fast, som et anker som var frosset fast i den pakkete snøen.

Après un deuxième effort, les chiens s'arrêtèrent à nouveau, haletants.

Etter et nytt forsøk stoppet hundene igjen, pesende kraftig.

Hal leva à nouveau le fouet, juste au moment où Mercedes intervenait à nouveau.

Hal hevet pisken nok en gang, akkurat idet Mercedes blandet seg inn igjen.

Elle tomba à genoux devant Buck et lui serra le cou.

Hun falt ned på kne foran Buck og klemte halsen hans.

Les larmes lui montèrent aux yeux tandis qu'elle suppliait le chien épuisé.

Tårer fylte øynene hennes mens hun tryglet den utmattede hunden.

« Pauvres chéris », dit-elle, « pourquoi ne tirez-vous pas plus fort ? »

«Stakkars kjære,» sa hun, «hvorfor drar dere ikke bare hardere?»

« Si tu tires, tu ne seras pas fouetté comme ça. »

«Hvis du drar, så slipper du å bli pisket slik.»

Buck n'aimait pas Mercedes, mais il était trop fatigué pour lui résister maintenant.

Buck mislikte Mercedes, men han var for sliten til å motstå henne nå.

Il accepta ses larmes comme une simple partie de cette journée misérable.

Han aksepterte tårene hennes som bare enda en del av den elendige dagen.

L'un des hommes qui regardaient a finalement parlé après avoir retenu sa colère.

En av mennene som så på, snakket endelig etter å ha holdt sinnet tilbake.

« Je me fiche de ce qui vous arrive, mais ces chiens comptent. »

«Jeg bryr meg ikke om hva som skjer med dere, men hundene betyr noe.»

« Si vous voulez aider, détachez ce traîneau, il est gelé dans la neige. »

«Hvis du vil hjelpe til, så løsne den sleden – den er frosset fast i snøen.»

« Appuyez fort sur la perche, à droite et à gauche, et brisez le sceau de glace. »

«Trykk hardt på stangen, til høyre og venstre, og bryt isforseglingen.»

Une troisième tentative a été faite, cette fois-ci suite à la suggestion de l'homme.

Et tredje forsøk ble gjort, denne gangen etter mannens forslag.

Hal a balancé le traîneau d'un côté à l'autre, libérant les patins.

Hal gynget sleden fra side til side, slik at mederne løsnet.

Le traîneau, bien que surchargé et maladroit, a finalement fait un bond en avant.

Sleden, selv om den var overlastet og klossete, svingte endelig fremover.

Buck et les autres tiraient sauvagement, poussés par une tempête de coups de fouet.

Buck og de andre dro vilt, drevet av en storm av nappesleng.

Une centaine de mètres plus loin, le sentier courbait et descendait en pente dans la rue.

Hundre meter foran svingte stien og skrånet ut i gaten.

Il aurait fallu un conducteur expérimenté pour maintenir le traîneau droit.

Det ville ha krevd en dyktig fører for å holde sleden oppreist.

Hal n'était pas habile et le traîneau a basculé en tournant dans le virage.

Hal var ikke dyktig, og sleden tippet da den svingte rundt svingen.

Les sangles lâches ont cédé et la moitié de la charge s'est répandue sur la neige.

Løse surringer ga etter, og halve lasten rant utover snøen.

Les chiens ne s'arrêtèrent pas ; le traîneau le plus léger volait sur le côté.

Hundene stoppet ikke; den lettere sleden fløy avgårde på siden.

En colère à cause des mauvais traitements et du lourd fardeau, les chiens couraient plus vite.

Sinte etter mishandling og den tunge byrden, løp hundene fortere.

Buck, furieux, s'est mis à courir, suivi par l'équipe.

Buck, i raseri, begynte å løpe, med spannet i hælene.

Hal a crié « Whoa ! Whoa ! » mais l'équipe ne lui a pas prêté attention.

Hal ropte «Whoa! Whoa!» men teamet brydde seg ikke om ham.

Il a trébuché, est tombé et a été traîné au sol par le harnais.

Han snublet, falt og ble dratt langs bakken etter selen.

Le traîneau renversé l'a heurté tandis que les chiens couraient devant.

Den veltede sleden dunket over ham mens hundene løp videre.

Le reste des fournitures est dispersé dans la rue animée de Skaguay.

Resten av forsyningene lå spredt over Skaguays travle gate.

Des personnes au grand cœur se sont précipitées pour arrêter les chiens et rassembler le matériel.

Snille mennesker skyndte seg for å stoppe hundene og samle utstyret.

Ils ont également donné des conseils, directs et pratiques, aux nouveaux voyageurs.

De ga også råd, direkte og praktiske, til de nye reisende.

« Si vous voulez atteindre Dawson, prenez la moitié du chargement et doublez les chiens. »

«Hvis du vil nå Dawson, ta halvparten av lasten og doble hundene.»

Hal, Charles et Mercedes écoutaient, mais sans enthousiasme.

Hal, Charles og Mercedes lyttet, men ikke med entusiasme.

Ils ont installé leur tente et ont commencé à trier leurs provisions.

De slo opp teltet sitt og begynte å sortere utstyret sitt.

Des conserves sont sorties, ce qui a fait rire les spectateurs.

Ut kom hermetikkvarer, noe som fikk tilskuerne til å le høyt.

« Des conserves sur le sentier ? Tu vas mourir de faim avant qu'elles ne fondent », a dit l'un d'eux.

«Hermetiske ting på stien? Du kommer til å sulte før det smelter», sa en av dem.

« Des couvertures d'hôtel ? Tu ferais mieux de toutes les jeter. »

«Hotelltepper? Det er bedre å kaste dem alle ut.»

« Laissez tomber la tente aussi, et personne ne fait la vaisselle ici. »

«Kast teltet også, så vasker ingen opp her.»

« Tu crois que tu voyages dans un train Pullman avec des domestiques à bord ? »

«Tror du at du kjører Pullman-tog med tjenere om bord?»

Le processus a commencé : chaque objet inutile a été jeté de côté.

Prosessen begynte – alle ubrukelige gjenstander ble kastet til side.

Mercedes a pleuré lorsque ses sacs ont été vidés sur le sol enneigé.

Mercedes gråt da bagasjen hennes ble tømt ut på den snødekte bakken.

Elle sanglotait sur chaque objet jeté, un par un, sans pause.

Hun hulket over hver gjenstand som ble kastet ut, én etter én, uten pause.

Elle jura de ne plus faire un pas de plus, même pas pendant dix Charles.

Hun sverget på å ikke gå et skritt til – ikke engang for ti karle.

Elle a supplié chaque personne à proximité de la laisser garder ses objets précieux.

Hun tryglet alle i nærheten om å la henne beholde de dyrebare tingene sine.

Finalement, elle s'essuya les yeux et commença à jeter même les vêtements essentiels.

Til slutt tørket hun øynene og begynte å kaste selv de viktigste klærne.

Une fois les siennes terminées, elle commença à vider les provisions des hommes.

Da hun var ferdig med sine egne, begynte hun å tømme mennenes forsyninger.

Comme un tourbillon, elle a déchiré les affaires de Charles et Hal.

Som en virvelvind rev hun seg gjennom Charles og Hals eiendeler.

Même si la charge était réduite de moitié, elle était encore bien plus lourde que nécessaire.

Selv om lasten ble halvert, var den fortsatt langt tyngre enn nødvendig.

Cette nuit-là, Charles et Hal sont sortis et ont acheté six nouveaux chiens.

Den kvelden dro Charles og Hal ut og kjøpte seks nye hunder.

Ces nouveaux chiens ont rejoint les six originaux, plus Teek et Koona.

Disse nye hundene ble med i de opprinnelige seks, pluss Teek og Koona.

Ensemble, ils formaient une équipe de quatorze chiens attelés au traîneau.

Sammen utgjorde de et spann på fjorten hunder spent for sleden.

Mais les nouveaux chiens n'étaient pas aptes et mal entraînés au travail en traîneau.

Men de nye hundene var uskikket og dårlig trent for sledearbeid.

Trois des chiens étaient des pointeurs à poil court et un était un Terre-Neuve.

Tre av hundene var korthårede pointerer, og én var en newfoundlander.

Les deux derniers chiens étaient des bâtards sans race ni objectif clairement définis.

De to siste hundene var muttar utan klar rase eller formål i det heile tatt.

Ils n'ont pas compris le sentier et ne l'ont pas appris rapidement.

De forsto ikke løypa, og de lærte den ikke raskt.

Buck et ses compagnons les regardaient avec mépris et une profonde irritation.

Buck og kameratene hans så på dem med hån og dyp irritasjon.

Bien que Buck leur ait appris ce qu'il ne fallait pas faire, il ne pouvait pas leur enseigner le devoir.

Selv om Buck lærte dem hva de ikke skulle gjøre, kunne han ikke lære dem plikt.

Ils n'ont pas bien supporté la vie sur les sentiers ni la traction des rênes et des traîneaux.

De tålte ikke livet på løypa eller tøyler og sleder.

Seuls les bâtards essayaient de s'adapter, et même eux manquaient d'esprit combatif.

Bare blandingsdyrene prøvde å tilpasse seg, og selv de manglet kampånd.

Les autres chiens étaient confus, affaiblis et brisés par leur nouvelle vie.

De andre hundene var forvirrede, svekkede og knuste av sitt nye liv.

Les nouveaux chiens étant désemparés et les anciens épuisés, l'espoir était mince.

Med de nye hundene uvitende og de gamle utslitte, var håpet lite.

L'équipe de Buck avait parcouru deux mille cinq cents kilomètres de sentiers difficiles.

Bucks team hadde tilbakelagt 2500 mil med ulendt sti.

Pourtant, les deux hommes étaient joyeux et fiers de leur grande équipe de chiens.

Likevel var de to mennene blide og stolte av sitt store hundespann.

Ils pensaient voyager avec style, avec quatorze chiens attelés.

De trodde de reiste med stil, med fjorten hunder spent.

Ils avaient vu des traîneaux partir pour Dawson, et d'autres en arriver.

De hadde sett sleder dra til Dawson, og andre ankomme derfra.

Mais ils n'en avaient jamais vu un tiré par quatorze chiens.

Men aldri hadde de sett en trukket av så mange som fjorten hunder.

Il y avait une raison pour laquelle de telles équipes étaient rares dans la nature sauvage de l'Arctique.

Det var en grunn til at slike lag var sjeldne i den arktiske villmarken.

Aucun traîneau ne pouvait transporter suffisamment de nourriture pour nourrir quatorze chiens pendant le voyage.

Ingen slede kunne frakte nok mat til å fø fjorten hunder på turen.

Mais Charles et Hal ne le savaient pas : ils avaient fait le calcul.

Men Charles og Hal visste ikke det – de hadde gjort regnestykket.

Ils ont planifié la nourriture : tant par chien, tant de jours, et c'est fait.

De skrev ned maten med blyant: så mye per hund, så mange dager, ferdig.

Mercedes regarda leurs chiffres et hocha la tête comme si cela avait du sens.

Mercedes så på tallene deres og nikket som om det ga mening.

Tout cela lui semblait très simple, du moins sur le papier.

Alt virket veldig enkelt for henne, i hvert fall på papiret.

Le lendemain matin, Buck conduisit lentement l'équipe dans la rue enneigée.

Neste morgen ledet Buck teamet sakte opp den snødekte gaten.

Il n'y avait aucune énergie ni aucun esprit en lui ou chez les chiens derrière lui.

Det var verken energi eller mot i ham eller hundene bak ham.

Ils étaient épuisés dès le départ, il n'y avait plus de réserve.

De var dødsslite fra starten av – det var ingen reserve igjen.

Buck avait déjà effectué quatre voyages entre Salt Water et Dawson.

Buck hadde allerede reist fire ganger mellom Salt Water og Dawson.

Maintenant, confronté à nouveau à la même épreuve, il ne ressentait que de l'amertume.

Nå, stilt overfor den samme sti igjen, følte han ingenting annet enn bitterhet.

Son cœur n'y était pas, ni celui des autres chiens.

Hans hjerte var ikke med i det, og det var heller ikke hjertene til de andre hundene.

Les nouveaux chiens étaient timides et les huskies manquaient totalement de confiance.

De nye hundene var sky, og huskyene manglet all tillit.

Buck sentait qu'il ne pouvait pas compter sur ces deux hommes ou sur leur sœur.

Buck følte at han ikke kunne stole på disse to mennene eller søsteren deres.

Ils ne savaient rien et ne montraient aucun signe d'apprentissage sur le sentier.

De visste ingenting og viste ingen tegn til å lære underveis.

Ils étaient désorganisés et manquaient de tout sens de la discipline.

De var uorganiserte og manglet enhver sans for disiplin.

Il leur fallait à chaque fois la moitié de la nuit pour monter un campement bâclé.

Det tok dem halve natten å sette opp en slurvete leir hver gang.

Et ils passèrent la moitié de la matinée suivante à tâtonner à nouveau avec le traîneau.

Og halve neste morgen brukte de på å fomle med sleden igjen.

À midi, ils s'arrêtaient souvent juste pour réparer la charge inégale.

Ved middagstid stoppet de ofte bare for å fikse den ujevne lasten.

Certains jours, ils parcouraient moins de dix milles au total.

Noen dager reiste de mindre enn ti mil totalt.

D'autres jours, ils ne parvenaient pas du tout à quitter le camp.

Andre dager klarte de ikke å forlate leiren i det hele tatt.

Ils n'ont jamais réussi à couvrir la distance alimentaire prévue.

De kom aldri i nærheten av å tilbakelegge den planlagte matavstanden.

Comme prévu, ils ont très vite manqué de nourriture pour les chiens.

Som forventet gikk de raskt tom for mat til hundene.

Ils ont aggravé la situation en les suralimentant au début.

De gjorde vondt verre ved å overfôre i begynnelsen.

À chaque ration négligée, la famine se rapprochait.

Dette brakte sulten nærmere med hver uforsiktige rasjonering.

Les nouveaux chiens n'avaient pas appris à survivre avec très peu.

De nye hundene hadde ikke lært å overleve på særlig lite.

Ils mangeaient avec faim, avec un appétit trop grand pour le sentier.

De spiste sultent, med en appetitt som var for stor for stien.

Voyant les chiens s'affaiblir, Hal pensait que la nourriture n'était pas suffisante.

Da Hal så hundene svekke seg, trodde han at maten ikke var nok.

Il a doublé les rations, rendant l'erreur encore pire.

Han doblet rasjonene, noe som gjorde feilen enda verre.

Mercedes a aggravé le problème avec ses larmes et ses douces supplications.

Mercedes forverret problemet med tårer og lav tryglende bønn.

Comme elle n'arrivait pas à convaincre Hal, elle nourrissait les chiens en secret.

Da hun ikke klarte å overbevise Hal, matet hun hundene i hemmelighet.

Elle a volé des sacs de poissons et les leur a donnés dans son dos.

Hun stjal fra fiskesekkene og ga det til dem bak ryggen hans.

Mais ce dont les chiens avaient réellement besoin, ce n'était pas de plus de nourriture, mais de repos.

Men det hundene egentlig trengte var ikke mer mat – det var hvile.

Ils progressaient mal, mais le lourd traîneau continuait à avancer.

De hadde dårlig tid, men den tunge sleden slepte fortsatt videre.

Ce poids à lui seul épuisait chaque jour leurs forces restantes.

Bare den vekten tappet for den gjenværende styrken hver dag.

Puis vint l'étape de la sous-alimentation, les réserves s'épuisant.

Så kom stadiet med underfôring ettersom forsyningene gikk tom.

Un matin, Hal s'est rendu compte que la moitié de la nourriture pour chien avait déjà disparu.

Hal innså en morgen at halvparten av hundematen allerede var borte.

Ils n'avaient parcouru qu'un quart de la distance totale du sentier.

De hadde bare tilbakelagt en fjerdedel av den totale distansen på løypa.

On ne pouvait plus acheter de nourriture, quel que soit le prix proposé.

Ikke mer mat kunne kjøpes, uansett hvilken pris som ble
tilbudt.

**Il a réduit les portions des chiens en dessous de la ration
quotidienne standard.**

Han reduserte hundenes porsjoner til under standard daglig
rasjon.

**Dans le même temps, il a exigé des voyages plus longs pour
compenser la perte.**

Samtidig krevde han lengre reisetid for å kompensere for
tapet.

**Mercedes et Charles ont soutenu ce plan, mais ont échoué
dans son exécution.**

Mercedes og Charles støttet denne planen, men mislyktes i
gjennomføringen.

**Leur lourd traîneau et leur manque de compétences
rendaient la progression presque impossible.**

Den tunge sleden og mangelen på ferdigheter gjorde
fremgang nesten umulig.

**Il était facile de donner moins de nourriture, mais
impossible de forcer plus d'efforts.**

Det var lett å gi mindre mat, men umulig å tvinge frem mer
innsats.

**Ils ne pouvaient pas commencer plus tôt, ni voyager pendant
des heures supplémentaires.**

De kunne ikke starte tidlig, og de kunne heller ikke reise i
ekstra timer.

**Ils ne savaient pas comment travailler les chiens, ni eux-
mêmes d'ailleurs.**

De visste ikke hvordan de skulle jobbe med hundene, og heller
ikke seg selv for den saks skyld.

**Le premier chien à mourir était Dub, le voleur malchanceux
mais travailleur.**

Den første hunden som døde var Dub, den uheldige, men
hardtarbeidende tyven.

**Bien que souvent puni, Dub avait fait sa part sans se
plaindre.**

Selv om Dub ofte ble straffet, hadde han holdt sitt strå uten å klage.

Son épaule blessée s'est aggravée sans qu'il soit nécessaire de prendre soin de lui et de se reposer.

Den skadde skulderen hans ble verre uten pleie eller behov for hvile.

Finalement, Hal a utilisé le revolver pour mettre fin aux souffrances de Dub.

Til slutt brukte Hal revolveren til å få slutt på Dubs lidelse.

Un dicton courant dit que les chiens normaux meurent à cause des rations de husky.

Et vanlig ordtak hevdet at vanlige hunder dør på husky-rasjoner.

Les six nouveaux compagnons de Buck n'avaient que la moitié de la part de nourriture du husky.

Bucks seks nye følgesvenner fikk bare halvparten av huskyens andel av mat.

Le Terre-Neuve est mort en premier, puis les trois braques à poil court.

Newfoundlanderen døde først, deretter de tre korthårede pointerhundene.

Les deux bâtards résistèrent plus longtemps mais finirent par périr comme les autres.

De to blandingsdyrene holdt ut lenger, men omkom til slutt i likhet med resten.

À cette époque, toutes les commodités et la douceur du Southland avaient disparu.

På dette tidspunktet var alle fasilitetene og den rolige atmosfæren i Sørlandet borte.

Les trois personnes avaient perdu les dernières traces de leur éducation civilisée.

De tre menneskene hadde lagt av seg de siste sporene av sin siviliserte oppvekst.

Dépouillé de glamour et de romantisme, le voyage dans l'Arctique est devenu brutalement réel.

Strippet for glamour og romantikk ble arktiske reiser brutalt virkelige.

C'était une réalité trop dure pour leur sens de la virilité et de la féminité.

Det var en virkelighet som var for hard for deres oppfatning av manndom og kvinnelighet.

Mercedes ne pleurait plus pour les chiens, mais maintenant elle pleurait seulement pour elle-même.

Mercedes gråt ikke lenger over hundene, men nå gråt hun bare over seg selv.

Elle passait son temps à pleurer et à se disputer avec Hal et Charles.

Hun brukte tiden sin på å gråte og krangle med Hal og Charles.

Se disputer était la seule chose qu'ils n'étaient jamais trop fatigués de faire.

Krangel var det eneste de aldri var for slitne til å gjøre.

Leur irritabilité provenait de la misère, grandissait avec elle et la surpassait.

Irritabiliteten deres kom fra elendighet, vokste med den og overgikk den.

La patience du sentier, connue de ceux qui peinent et souffrent avec bienveillance, n'est jamais venue.

Tålmodigheten på stien, kjent for de som sliter og lider vennlig, kom aldri.

Cette patience, qui garde la parole douce malgré la douleur, leur était inconnue.

Den tålmodigheten, som holder talen søt gjennom smerte, var ukjent for dem.

Ils n'avaient aucune trace de patience, aucune force tirée de la souffrance avec grâce.

De hadde ikke et snev av tålmodighet, ingen styrke hentet fra lidelse med nåde.

Ils étaient raides de douleur : leurs muscles, leurs os et leur cœur étaient douloureux.

De var stive av smerter – det var verk i muskler, bein og hjerter.

À cause de cela, ils devinrent acerbes et prompts à prononcer des paroles dures.

På grunn av dette ble de skarpe i tungen og snar til harde ord.

Chaque jour commençait et se terminait par des voix en colère et des plaintes amères.

Hver dag begynte og sluttet med sinte stemmer og bitre klager.

Charles et Hal se disputaient chaque fois que Mercedes leur en donnait l'occasion.

Charles og Hal kranglet hver gang Mercedes ga dem en sjanse.

Chaque homme estimait avoir fait plus que sa juste part du travail.

Hver mann mente at han gjorde mer enn sin rettmessige andel av arbeidet.

Aucun des deux n'a jamais manqué une occasion de le dire, encore et encore.

Ingen av dem gikk noen gang glipp av en sjanse til å si det, igjen og igjen.

Parfois, Mercedes se rangeait du côté de Charles, parfois du côté de Hal.

Noen ganger tok Mercedes parti med Charles, noen ganger med Hal.

Cela a conduit à une grande et interminable querelle entre les trois.

Dette førte til en stor og endeløs krangel mellom de tre.

Une dispute sur la question de savoir qui devait couper le bois de chauffage est devenue incontrôlable.

En krangel om hvem som skulle hogge ved kom ut av kontroll.

Bientôt, les pères, les mères, les cousins et les parents décédés ont été nommés.

Snart ble fedre, mødre, søskenbarn og avdøde slektninger navngitt.

Les opinions de Hal sur l'art ou les pièces de son oncle sont devenues partie intégrante du combat.

Hals syn på kunst eller onkelens skuespill ble en del av kampen.

Les convictions politiques de Charles sont également entrées dans le débat.

Charles' politiske overbevisninger kom også inn i debatten.

Pour Mercedes, même les ragots de la sœur de son mari semblaient pertinents.

For Mercedes virket til og med sladderet fra ektemannens søster relevant.

Elle a exprimé son opinion sur ce sujet et sur de nombreux défauts de la famille de Charles.

Hun luftet meninger om det og om mange av Charles' families feil.

Pendant qu'ils se disputaient, le feu restait éteint et le camp à moitié monté.

Mens de kranglet, forble bålet slukket og leiren halvveis satt opp.

Pendant ce temps, les chiens restaient froids et sans nourriture.

I mellomtiden forble hundene kalde og uten mat.

Mercedes avait un grief qu'elle considérait comme profondément personnel.

Mercedes hadde en klage hun anså som svært personlig.

Elle se sentait maltraitée en tant que femme, privée de ses doux privilèges.

Hun følte seg dårlig behandlet som kvinne, nektet sine milde privilegier.

Elle était jolie et douce, et habituée à la chevalerie toute sa vie.

Hun var pen og myk, og pleide å være ridderlig hele livet.

Mais son mari et son frère la traitaient désormais avec impatience.

Men mannen og broren hennes behandlet henne nå med utålmodighet.

Elle avait pour habitude d'agir comme si elle était impuissante, et ils commencèrent à se plaindre.

Hennes vane var å oppføre seg hjelpeløs, og de begynte å klage.

Offensée par cela, elle leur rendit la vie encore plus difficile.

Fornærmet av dette gjorde hun livene deres enda vanskeligere.

Elle a ignoré les chiens et a insisté pour conduire elle-même le traîneau.

Hun ignorerte hundene og insisterte på å kjøre sleden selv.

Bien que légère en apparence, elle pesait cent vingt livres.

Selv om hun var lett av utseende, veide hun 45 kilo.

Ce fardeau supplémentaire était trop lourd pour les chiens affamés et faibles.

Den ekstra byrden var for mye for de sultende, svake hundene.

Elle a continué à monter pendant des jours, jusqu'à ce que les chiens s'effondrent sous les rênes.

Likevel red hun i dagevis, helt til hundene kollapset i tøylene.

Le traîneau s'arrêta et Charles et Hal la supplièrent de marcher.

Sleden sto stille, og Charles og Hal tryglet henne om å gå.

Ils la supplièrent et la supplièrent, mais elle pleura et les traita de cruels.

De tryglet og tryglet, men hun gråt og kalte dem grusomme.

À une occasion, ils l'ont tirée du traîneau avec force et colère.

Ved en anledning dro de henne av sleden med ren makt og sinne.

Ils n'ont plus jamais essayé après ce qui s'est passé cette fois-là.

De prøvde aldri igjen etter det som skjedde den gangen.

Elle devint molle comme un enfant gâté et s'assit dans la neige.

Hun slapp som et bortskjemt barn og satte seg i snøen.

Ils continuèrent leur chemin, mais elle refusa de se lever ou de les suivre.

De gikk videre, men hun nektet å reise seg eller følge etter.

Après trois milles, ils s'arrêtèrent, revinrent et la ramenèrent.

Etter tre mil stoppet de, returnerte og bar henne tilbake.

Ils l'ont rechargée sur le traîneau, en utilisant encore une fois la force brute.

De lastet henne opp på sleden igjen, igjen med rå styrke.

Dans leur profonde misère, ils étaient insensibles à la souffrance des chiens.

I sin dype elendighet var de følelsesløse overfor hundenes lidelse.

Hal croyait qu'il fallait s'endurcir et il a imposé cette croyance aux autres.

Hal mente at man måtte forherdes, og tvang den troen på andre.

Il a d'abord essayé de prêcher sa philosophie à sa sœur

Han prøvde først å forkynne filosofien sin til søsteren sin

et puis, sans succès, il prêcha à son beau-frère.

og så, uten hell, prekte han for svogeren sin.

Il a eu plus de succès avec les chiens, mais seulement parce qu'il leur a fait du mal.

Han hadde mer suksess med hundene, men bare fordi han skadet dem.

Chez Five Fingers, la nourriture pour chiens est complètement épuisée.

Hos Five Fingers gikk hundeforet helt tomt.

Une vieille squaw édentée a vendu quelques kilos de peau de cheval congelée

En tannløs gammel squat solgte noen få kilo frossent hesteskinn

Hal a échangé son revolver contre la peau de cheval séchée.

Hal byttet revolveren sin mot det tørkede hesteskinnet.

La viande provenait de chevaux affamés d'éleveurs de bétail des mois auparavant.

Kjøttet hadde kommet fra utsultede hester eller kvegoppdrettere måneder tidligere.

Gelée, la peau était comme du fer galvanisé ; dure et immangeable.

Frossen var skinnet som galvanisert jern; seigt og uspiselig.

Les chiens devaient mâcher la peau sans fin pour la manger.

Hundene måtte tygge uendelig på skinnet for å spise det.

Mais les cordes en cuir et les cheveux courts n'étaient guère une nourriture.

Men de læraktige strengene og det korte håret var neppe næring.

La majeure partie de la peau était irritante et ne constituait pas véritablement de la nourriture.

Det meste av skinnet var irriterende, og ikke mat i noen egentlig forstand.

Et pendant tout ce temps, Buck titubait en tête, comme dans un cauchemar.

Og gjennom alt dette sjanglet Buck foran, som i et mareritt.

Il tirait quand il le pouvait ; quand il ne le pouvait pas, il restait allongé jusqu'à ce qu'un fouet ou un gourdin le relève.

Han dro når han kunne; når han ikke kunne, lå han til pisken eller køllen løftet ham.

Son pelage fin et brillant avait perdu toute sa rigidité et son éclat d'autrefois.

Den fine, blanke pelsen hans hadde mistet all stivhet og glans den en gang hadde.

Ses cheveux pendaient, mous, en bataille et coagulés par le sang séché des coups.

Håret hans hang slapp, bustete og klumpete av tørket blod etter slagene.

Ses muscles se sont réduits à l'état de cordes et ses coussinets de chair étaient tous usés.

Musklene hans krympet til strenger, og kjøttputene hans var slitt bort.

Chaque côte, chaque os apparaissait clairement à travers les plis de la peau ridée.

Hvert ribbein, hvert bein syntes tydelig gjennom folder av rynkete hud.

C'était déchirant, mais le cœur de Buck ne pouvait pas se briser.

Det var hjerteskjærende, men Bucks hjerte kunne ikke knuses.

L'homme au pull rouge avait testé cela et l'avait prouvé il y a longtemps.

Mannen i den røde genseren hadde testet det og bevist det for lenge siden.

Comme ce fut le cas pour Buck, ce fut le cas pour tous ses coéquipiers restants.

Som det var med Buck, slik var det også med alle hans gjenværende lagkamerater.

Il y en avait sept au total, chacun étant un squelette ambulant de misère.

Det var sju totalt, hver av dem et vandrende skjelett av elendighet.

Ils étaient devenus insensibles au fouet, ne ressentant qu'une douleur lointaine.

De hadde blitt numne til å piske, og følte bare fjern smerte.

Même la vue et le son leur parvenaient faiblement, comme à travers un épais brouillard.

Selv syn og lyd nådde dem svakt, som gjennom en tett tåke.

Ils n'étaient pas à moitié vivants : c'étaient des os avec de faibles étincelles à l'intérieur.

De var ikke halvt levende – de var bein med svake gnister inni.

Lorsqu'ils s'arrêtèrent, ils s'effondrèrent comme des cadavres, leurs étincelles presque éteintes.

Da de stoppet, kollapset de som lik, gnistene nesten borte.

Et lorsque le fouet ou le gourdin frappaient à nouveau, les étincelles voltigeaient faiblement.

Og når pisken eller køllen slo igjen, blafret gnistene svakt.

Puis ils se levèrent, titubèrent en avant et traînèrent leurs membres en avant.

Så reiste de seg, sjanglet fremover og dro lemmene sine fremover.

Un jour, le gentil Billee tomba et ne put plus se relever du tout.

En dag falt den snille Billee og kunne ikke reise seg i det hele tatt.

Hal avait échangé son revolver, alors il a utilisé une hache pour tuer Billee à la place.

Hal hadde byttet revolveren sin, så han brukte en øks til å drepe Billee i stedet.

Il le frappa à la tête, puis lui coupa le corps et le traîna.

Han slo ham i hodet, skar deretter løs kroppen hans og dro den bort.

Buck vit cela, et les autres aussi ; ils savaient que la mort était proche.

Buck så dette, og det gjorde de andre også; de visste at døden var nær.

Le lendemain, Koona partit, ne laissant que cinq chiens dans l'équipe affamée.

Neste dag dro Koona, og etterlot bare fem hunder i det sultende spannet.

Joe, qui n'était plus méchant, était trop loin pour se rendre compte de quoi que ce soit.

Joe, ikke lenger slem, var for langt borte til å være klar over stort i det hele tatt.

Pike, ne faisant plus semblant d'être blessé, était à peine conscient.

Pike, som ikke lenger latet som om han var skadet, var knapt bevisst.

Solleks, toujours fidèle, se lamentait de ne plus avoir de force à donner.

Solleks, fortsatt trofast, sørget over at han ikke hadde styrke til å gi.

Teek a été le plus battu parce qu'il était plus frais, mais qu'il s'estompait rapidement.

Teek ble slått mest fordi han var friskere, men forsvant raskt.

Et Buck, toujours en tête, ne maintenait plus l'ordre ni ne le faisait respecter.

Og Buck, fortsatt i ledelsen, opprettholdt eller håndhevet ikke lenger orden.

À moitié aveugle à cause de sa faiblesse, Buck suivit la piste au toucher seul.

Halvblind av svakhet fulgte Buck sporet alene på følelsen.

C'était un beau temps printanier, mais aucun d'entre eux ne l'a remarqué.

Det var nydelig vårvær, men ingen av dem la merke til det.

Chaque jour, le soleil se levait plus tôt et se couchait plus tard qu'avant.

Hver dag sto solen opp tidligere og gikk ned senere enn før.

À trois heures du matin, l'aube était arrivée ; le crépuscule durait jusqu'à neuf heures.

Klokken tre om morgenen kom daggryet, og skumringen varte til klokken ni.

Les longues journées étaient remplies du plein soleil printanier.

De lange dagene var fylt med den fulle strålen av vårsol.

Le silence fantomatique de l'hiver s'était transformé en un murmure chaleureux.

Vinterens spøkelsesaktige stillhet hadde forvandlet seg til en varm mumling.

Toute la terre s'éveillait, animée par la joie des êtres vivants.

Hele landet våknet, levende av gleden over levende vesener.

Le bruit provenait de ce qui était resté mort et immobile pendant l'hiver.

Lyden kom fra det som hadde ligget dødt og stille gjennom vinteren.

Maintenant, ces choses bougeaient à nouveau, secouant le long sommeil de gel.

Nå beveget disse tingene seg igjen og ristet av seg den lange frostsøvnen.

La sève montait à travers les troncs sombres des pins en attente.

Sevje steg opp gjennom de mørke stammene til de ventende furutrærne.

Les saules et les trembles font apparaître de jeunes bourgeons brillants sur chaque brindille.

Piletrær og osp får lyse, unge knopper på hver kvist.

Les arbustes et les vignes se parent d'un vert frais tandis que les bois prennent vie.

Busker og slyngplanter fikk friskt grønt idet skogen våknet til liv.

Les grillons chantaient la nuit et les insectes rampaient au soleil.

Sirisser kvitret om natten, og insekter krøp i dagslyssolen.

Les perdrix résonnaient et les pics frappaient profondément dans les arbres.

Rapphønsene dundret, og hakkespetter banket dypt oppe i trærne.

Les écureuils bavardaient, les oiseaux chantaient et les oies klaxonnaient au-dessus des chiens.

Ekorn klukket, fugler sang, og gjess tutet over hundene.

Les oiseaux sauvages arrivaient en groupes serrés, volant vers le haut depuis le sud.

Villfuglene kom i skarpe flokker, fløyende opp fra sør.

De chaque colline venait la musique des ruisseaux cachés et impétueux.

Fra hver åsside kom musikken fra skjulte, brusende bekker.

Toutes choses ont dégelé et se sont brisées, se sont pliées et ont repris leur mouvement.

Alt tint og knakk, bøyde seg og brast i bevegelse igjen.

Le Yukon s'efforçait de briser les chaînes de froid de la glace gelée.

Yukon anstrengte seg for å bryte de kalde kjedene av frossen is.

La glace fondait en dessous, tandis que le soleil la faisait fondre par le dessus.

Isen smeltet under, mens solen smeltet den ovenfra.

Des trous d'aération se sont ouverts, des fissures se sont propagées et des morceaux sont tombés dans la rivière.

Lufthull åpnet seg, sprekker spredte seg, og biter falt ned i elven.

Au milieu de toute cette vie débordante et flamboyante, les voyageurs titubaient.

Midt i alt dette sprudlende og flammende livet vaklet de reisende.

Deux hommes, une femme et une meute de huskies marchaient comme des morts.

To menn, en kvinne og en flokk huskyer gikk som døde.

Les chiens tombaient, Mercedes pleurait, mais continuait à conduire le traîneau.

Hundene falt, Mercedes gråt, men kjørte fortsatt sleden.

Hal jura faiblement et Charles cligna des yeux à travers ses yeux larmoyants.

Hal bannet svakt, og Charles blunket gjennom rennende øyne.

Ils tombèrent sur le camp de John Thornton à l'embouchure de la rivière White.

De snublet inn i John Thorntons leir ved White Rivers munning.

Lorsqu'ils s'arrêtèrent, les chiens s'effondrèrent, comme s'ils étaient tous morts.

Da de stoppet, falt hundene flate, som om alle hadde slått døde.

Mercedes essuya ses larmes et regarda John Thornton.

Mercedes tørket tårene og så bort på John Thornton.

Charles s'assit sur une bûche, lentement et raidement, souffrant du sentier.

Charles satt på en tømmerstokk, sakte og stivt, verkende etter stien.

Hal parlait pendant que Thornton sculptait l'extrémité d'un manche de hache.

Hal snakket mens Thornton skar ut enden av et økseskaft.

Il taillait du bois de bouleau et répondait par des réponses brèves et fermes.

Han hogde bjørkeved og svarte med korte, bestemte svar.

Lorsqu'on lui a demandé son avis, il a donné des conseils, certain qu'ils ne seraient pas suivis.

Da han ble spurt, ga han råd, sikker på at det ikke kom til å bli fulgt.

Hal a expliqué : « Ils nous ont dit que la glace du sentier disparaissait. »

Hal forklarte: «De fortalte oss at isen på stien var i ferd med å falle av.»

« Ils ont dit que nous devions rester sur place, mais nous sommes arrivés à White River. »

«De sa at vi skulle bli her – men vi kom oss til White River.»

Il a terminé sur un ton moqueur, comme pour crier victoire dans les difficultés.

Han avsluttet med en hånlig tone, som for å hevde seier i motgang.

« Et ils t'ont dit la vérité », répondit doucement John Thornton à Hal.

«Og de fortalte deg sant», svarte John Thornton stille til Hal.

« La glace peut céder à tout moment, elle est prête à tomber. »

«Isen kan gi etter når som helst – den er klar til å falle av.»

« Seuls un peu de chance et des imbéciles ont pu arriver jusqu'ici en vie. »

«Bare blind flaks og dårer kunne ha kommet så langt i live.»

« Je vous le dis franchement, je ne risquerais pas ma vie pour tout l'or de l'Alaska. »

«Jeg sier deg rett ut, jeg ville ikke risikere livet mitt for alt gullet i Alaska.»

« C'est parce que tu n'es pas un imbécile, je suppose », répondit Hal.

«Det er fordi du ikke er en tosk, antar jeg», svarte Hal.

« Tout de même, nous irons à Dawson. » Il déroula son fouet.

«Likevel går vi videre til Dawson.» Han viklet ut pisken.

« Monte là-haut, Buck ! Salut ! Debout ! Vas-y ! » cria-t-il durement.

«Kom deg opp, Buck! Hei! Kom deg opp! Kom igjen!» ropte han hardt.

Thornton continuait à tailler, sachant que les imbéciles n'entendraient pas la raison.

Thornton fortsatte å snike, vel vitende om at dårer ikke vil høre på fornuft.

Arrêter un imbécile était futile, et deux ou trois imbéciles ne changeaient rien.

Å stoppe en tosk var nytteløst – og to eller tre narrede forandret ingenting.

Mais l'équipe n'a pas bougé au son de l'ordre de Hal.

Men laget rørte seg ikke ved lyden av Hals kommando.

Désormais, seuls les coups pouvaient les faire se relever et avancer.

Nå var det bare slag som kunne få dem til å reise seg og trekke seg fremover.

Le fouet claquait encore et encore sur les chiens affaiblis.

Pisken smalt igjen og igjen over de svekkede hundene.

John Thornton serra fermement ses lèvres et regarda en silence.

John Thornton presset leppene tett sammen og så på i stillhet.

Solleks fut le premier à se relever sous le fouet.

Solleks var den første som krøp opp på beina under piskingen.

Puis Teek le suivit, tremblant. Joe poussa un cri en se relevant.

Så fulgte Teek etter, skjelvende. Joe hylte idet han snublet opp.

Pike a essayé de se relever, a échoué deux fois, puis est finalement resté debout, chancelant.

Pike prøvde å reise seg, mislyktes to ganger, og sto til slutt ustø.

Mais Buck resta là où il était tombé, sans bouger du tout cette fois.

Men Buck lå der han hadde falt, og rørte seg ikke i det hele tatt denne gangen.

Le fouet le frappait à plusieurs reprises, mais il ne faisait aucun bruit.

Pisken slo ham om og om igjen, men han lagde ingen lyd.

Il n'a pas bronché ni résisté, il est simplement resté immobile et silencieux.

Han verken rykket til eller gjorde motstand, bare forble stille og rolig.

Thornton remua plus d'une fois, comme pour parler, mais ne le fit pas.

Thornton rørte på seg mer enn én gang, som for å snakke, men gjorde det ikke.

Ses yeux s'humidifièrent, et le fouet continuait à claquer contre Buck.

Øynene hans ble våte, og pisken smalt fortsatt mot Buck.

Finalement, Thornton commença à marcher lentement, ne sachant pas quoi faire.

Endelig begynte Thornton å gå sakte frem og tilbake, usikker på hva han skulle gjøre.

C'était la première fois que Buck échouait, et Hal devint furieux.

Det var første gang Buck hadde mislyktes, og Hal ble rasende.

Il a jeté le fouet et a pris la lourde massue à la place.

Han kastet pisken og plukket opp den tunge køllen i stedet.

Le gourdin en bois s'abattit violemment, mais Buck ne se releva toujours pas pour bouger.

Trekøllen falt hardt ned, men Buck reiste seg fortsatt ikke for å røre seg.

Comme ses coéquipiers, il était trop faible, mais plus que cela.

I likhet med lagkameratene var han for svak – men mer enn det.

Buck avait décidé de ne pas bouger, quoi qu'il arrive.

Buck hadde bestemt seg for ikke å flytte, uansett hva som skjedde etterpå.

Il sentait quelque chose de sombre et de certain planer juste devant lui.

Han følte noe mørkt og sikkert sveve rett foran ham.

Cette peur l'avait saisi dès qu'il avait atteint la rive du fleuve.

Den frykten hadde grepet ham så snart han nådde elvebredden.

Cette sensation ne l'avait pas quitté depuis qu'il sentait la glace s'amincir sous ses pattes.

Følelsen hadde ikke forlatt ham siden han kjente isen tynne under potene.

Quelque chose de terrible l'attendait – il le sentait juste au bout du sentier.

Noe forferdelig ventet – han kjente det rett nede langs stien.

Il n'allait pas marcher vers cette terrible chose devant lui.

Han hadde ikke tenkt å gå mot den forferdelige tingen foran seg.

Il n'allait pas obéir à un quelconque ordre qui le conduirait à cette chose.

Han kom ikke til å adlyde noen kommando som førte ham til den tingen.

La douleur des coups ne l'atteignait plus guère, il était trop loin.

Smerten fra slagene berørte ham knapt nå – han var for langt borte.

L'étincelle de vie vacillait faiblement, s'affaiblissant sous chaque coup cruel.

Livsgnisten blafret lavt, dempet under hvert grusomme slag.

Ses membres semblaient lointains ; tout son corps semblait appartenir à un autre.

Lemmene hans føltes fjerne; hele kroppen hans syntes å tilhøre en annen.

Il ressentit un étrange engourdissement alors que la douleur disparaissait complètement.

Han kjente en merkelig nummenhet idet smerten forsvant helt.

De loin, il sentait qu'il était battu, mais il le savait à peine.

Langt unna følte han at han ble slått, men han visste det knapt.

Il pouvait entendre les coups sourds faiblement, mais ils ne faisaient plus vraiment mal.

Han kunne høre dunkene svakt, men de gjorde ikke lenger ordentlig vondt.

Les coups ont porté, mais son corps ne semblait plus être le sien.

Slagene traff, men kroppen hans føltes ikke lenger som sin egen.

Puis, soudain, sans prévenir, John Thornton poussa un cri sauvage.

Så plutselig, uten forvarsel, hylte John Thornton et vilt skrik.

C'était inarticulé, plus le cri d'une bête que celui d'un homme.

Det var uartikulert, mer skriket fra et dyr enn fra et menneske.

Il sauta sur l'homme avec la massue et renversa Hal en arrière.

Han hoppet mot mannen med køllen og slo Hal bakover.

Hal vola comme s'il avait été frappé par un arbre, atterrissant durement sur le sol.

Hal fløy som om han var blitt truffet av et tre og landet hardt på bakken.

Mercedes a crié de panique et s'est agrippée au visage.

Mercedes skrek høyt i panikk og klamret seg til ansiktet hennes.

Charles se contenta de regarder, s'essuya les yeux et resta assis.

Charles bare så på, tørket øynene og ble sittende.

Son corps était trop raide à cause de la douleur pour se lever ou aider au combat.

Kroppen hans var for stiv av smerter til å reise seg eller hjelpe til i kampen.

Thornton se tenait au-dessus de Buck, tremblant de fureur, incapable de parler.

Thornton sto over Buck, skjelvende av raseri, ute av stand til å snakke.

Il tremblait de rage et luttait pour trouver sa voix à travers elle.

Han skalv av raseri og kjempet for å finne stemmen sin gjennom det.

« Si tu frappes encore ce chien, je te tue », dit-il finalement.

«Hvis du slår den hunden igjen, dreper jeg deg», sa han til slutt.

Hal essuya le sang de sa bouche et s'avança à nouveau.

Hal tørket blodet av munnen og kom frem igjen.

« C'est mon chien », murmura-t-il. « Dégage, ou je te répare. »

«Det er hunden min», mumlet han. «Kom deg unna, ellers fikser jeg deg.»

« Je vais à Dawson, et vous ne m'en empêcherez pas », a-t-il ajouté.

«Jeg skal til Dawson, og du stopper meg ikke», la han til.

Thornton se tenait fermement entre Buck et le jeune homme en colère.

Thornton sto stødig mellom Buck og den sinte unge mannen.

Il n'avait aucune intention de s'écarter ou de laisser passer Hal.

Han hadde ingen intensjon om å tre til side eller la Hal gå forbi.

Hal sortit son couteau de chasse, long et dangereux à la main.

Hal dro frem jaktkniven sin, lang og farlig i hånden.

Mercedes a crié, puis pleuré, puis ri dans une hystérie sauvage.

Mercedes skrek, så gråt, så lo hun i vill hysteri.

Thornton frappa la main de Hal avec le manche de sa hache, fort et vite.

Thornton slo Hals hånd med økseskaftet, hardt og raskt.

Le couteau s'est détaché de la main de Hal et a volé au sol.

Kniven ble slått løs fra Hals grep og fløy i bakken.

Hal essaya de ramasser le couteau, et Thornton frappa à nouveau ses jointures.

Hal prøvde å plukke opp kniven, og Thornton banket seg på knokene igjen.

Thornton se baissa alors, attrapa le couteau et le tint.

Så bøyde Thornton seg ned, grep kniven og holdt den.

D'un coup rapide de manche de hache, il coupa les rênes de Buck.

Med to raske hugg med økseskaftet hogg han av Bucks tøyler.

Hal n'avait plus aucune résistance et s'éloigna du chien.

Hal hadde ikke mer kampvilje i seg og trakk seg tilbake fra hunden.

De plus, Mercedes avait désormais besoin de ses deux bras pour se maintenir debout.

Dessuten trengte Mercedes begge armene nå for å holde seg oppreist.

Buck était trop proche de la mort pour pouvoir à nouveau tirer un traîneau.

Buck var for nær døden til å være til nytte for å trekke en slede igjen.

Quelques minutes plus tard, ils se sont retirés et ont descendu la rivière.

Noen minutter senere dro de ut og satte kursen nedover elven.

Buck leva faiblement la tête et les regarda quitter la banque.

Buck løftet hodet svakt og så dem forlate banken.

Pike a mené l'équipe, avec Solleks à l'arrière dans la roue.

Pike ledet laget, med Solleks bakerst i rattet.

Joe et Teek marchaient entre eux, tous deux boitant d'épuisement.

Joe og Teek gikk mellom dem, begge haltende av utmattelse.

Mercedes s'assit sur le traîneau et Hal saisit le long mât.

Mercedes satte seg på sleden, og Hal grep tak i den lange gee-stangen.

Charles trébuchait derrière, ses pas maladroits et incertains.

Charles snublet bak, med klønete og usikre skritt.

Thornton s'agenouilla près de Buck et chercha doucement des os cassés.

Thornton knelte ved siden av Buck og kjente forsiktig etter brukne bein.

Ses mains étaient rudes mais bougeaient avec gentillesse et attention.

Hendene hans var ru, men beveget seg med vennlighet og omsorg.

Le corps de Buck était meurtri mais ne présentait aucune blessure durable.

Bucks kropp var forslått, men viste ingen varige skader.

Ce qui restait, c'était une faim terrible et une faiblesse quasi totale.

Det som var igjen var forferdelig sult og nesten total svakhet.

Au moment où cela fut clair, le traîneau était déjà loin en aval.

Da dette var klart, hadde sleden gått langt nedover elva.

L'homme et le chien regardaient le traîneau ramper lentement sur la glace fissurée.

Mann og hund så sleden sakte krype over den knakende isen.

Puis, ils virent le traîneau s'enfoncer dans un creux.

Så så de sleden synke ned i en fordypning.

Le mât s'est envolé, Hal s'y accrochant toujours en vain.

Gee-stangen fløy opp, og Hal klamret seg fortsatt forgjeves til den.

Le cri de Mercedes les atteignit à travers la distance froide.

Mercedes' skrik nådde dem over den kalde avstanden.

Charles se retourna et recula, mais il était trop tard.

Charles snudde seg og tok et skritt tilbake – men han var for sent ute.

Une calotte glaciaire entière a cédé et ils sont tous tombés à travers.

En hel isflak ga etter, og de falt alle gjennom.

Les chiens, le traîneau et les gens ont disparu dans l'eau noire en contrebas.

Hunder, slede og mennesker forsvant ned i det svarte vannet nedenfor.

Il ne restait qu'un large trou dans la glace là où ils étaient passés.

Bare et bredt hull i isen var igjen der de hadde passert.

Le fond du sentier s'était affaissé, comme Thornton l'avait prévenu.

Bunnen av stien hadde falt ut – akkurat som Thornton advarte.

Thornton et Buck se regardèrent, silencieux pendant un moment.

Thornton og Buck så tause på hverandre et øyeblikk.

« Pauvre diable », dit doucement Thornton, et Buck lui lécha la main.

«Din stakkars djevel,» sa Thornton lavt, og Buck slikket seg på hånden.

Pour l'amour d'un homme
For kjærligheten til en mann

John Thornton s'est gelé les pieds dans le froid du mois de décembre précédent.
John Thornton frøs føttene i kulden i desember før.

Ses partenaires l'ont mis à l'aise et l'ont laissé se rétablir seul.
Partnerne hans sørget for at han var komfortabel og lot ham komme seg alene.

Ils remontèrent la rivière pour rassembler un radeau de billes de bois pour Dawson.
De dro oppover elven for å samle en flåte med sagstokker til Dawson.

Il boitait encore légèrement lorsqu'il a sauvé Buck de la mort.
Han haltet fortsatt litt da han reddet Buck fra døden.

Mais avec le temps chaud qui continue, même cette boiterie a disparu.
Men med det fortsatte varme været, forsvant selv den haltingen.

Allongé au bord de la rivière pendant les longues journées de printemps, Buck se reposait.
Buck hvilte mens han lå ved elvebredden i løpet av lange vårdager.

Il regardait l'eau couler et écoutait les oiseaux et les insectes.
Han så på det rennende vannet og lyttet til fugler og insekter.

Lentement, Buck reprit ses forces sous le soleil et le ciel.
Sakte men sikkert gjenvant Buck kreftene sine under solen og himmelen.

Un repos merveilleux après avoir parcouru trois mille kilomètres.
En hvile føltes fantastisk etter å ha reist tre tusen mil.

Buck est devenu paresseux à mesure que ses blessures guérissaient et que son corps se remplissait.
Buck ble lat etter hvert som sårene hans grodde og kroppen hans fyltes opp.

Ses muscles se raffermirent et la chair revint recouvrir ses os.

Musklene hans ble faste, og kjøttet dekket knoklene hans igjen.

Ils se reposaient tous : Buck, Thornton, Skeet et Nig.

De hvilte alle – Buck, Thornton, Skeet og Nig.

Ils attendaient le radeau qui allait les transporter jusqu'à Dawson.

De ventet på flåten som skulle frakte dem ned til Dawson.

Skeet était un petit setter irlandais qui s'est lié d'amitié avec Buck.

Skeet var en liten irsk setter som ble venner med Buck.

Buck était trop faible et malade pour lui résister lors de leur première rencontre.

Buck var for svak og syk til å motstå henne ved deres første møte.

Skeet avait le trait de guérisseur que certains chiens possèdent naturellement.

Skeet hadde den helbredende egenskapen som noen hunder naturlig har.

Comme une mère chatte, elle lécha et nettoya les blessures à vif de Buck.

Som en kattemor slikket og renset hun Bucks sår.

Chaque matin, après le petit-déjeuner, elle répétait son travail minutieux.

Hver morgen etter frokost gjentok hun sitt nøye arbeid.

Buck s'attendait à son aide autant qu'à celle de Thornton.

Buck forventet hennes hjelp like mye som han forventet Thorntons hjelp.

Nig était également amical, mais moins ouvert et moins affectueux.

Nig var også vennlig, men mindre åpen og mindre hengiven.

Nig était un gros chien noir, à la fois chien de Saint-Hubert et chien de chasse.

Nig var en stor svart hund, delvis blodhund og delvis hjortehund.

Il avait des yeux rieurs et une infinie bonne nature dans son esprit.

Han hadde leende øyne og en uendelig godhet i sinnet sitt.

À la surprise de Buck, aucun des deux chiens n'a montré de jalousie envers lui.

Til Bucks overraskelse viste ingen av hundene sjalusi mot ham.

Skeet et Nig ont tous deux partagé la gentillesse de John Thornton.

Både Skeet og Nig delte John Thorntons vennlighet.

À mesure que Buck devenait plus fort, ils l'ont attiré dans des jeux de chiens stupides.

Etter hvert som Buck ble sterkere, lokket de ham med på tåpelige hundeleker.

Thornton jouait souvent avec eux aussi, incapable de résister à leur joie.

Thornton lekte ofte med dem også, ute av stand til å motstå gleden deres.

De cette manière ludique, Buck est passé de la maladie à une nouvelle vie.

På denne lekne måten gikk Buck fra sykdom til et nytt liv.

L'amour – un amour véritable, brûlant et passionné – était enfin à lui.

Kjærligheten – ekte, brennende og lidenskapelig kjærlighet – var endelig hans.

Il n'avait jamais connu ce genre d'amour dans le domaine de Miller.

Han hadde aldri kjent denne typen kjærlighet på Millers eiendom.

Avec les fils du juge, il avait partagé le travail et l'aventure.

Med dommerens sønner hadde han delt arbeid og eventyr.

Chez les petits-fils, il vit une fierté raide et vantarde.

Hos barnebarna så han stiv og skrytende stolthet.

Il entretenait avec le juge Miller lui-même une amitié respectueuse.

Med dommer Miller selv hadde han et respektfullt vennskap.

Mais l'amour qui était feu, folie et adoration est venu avec Thornton.

Men kjærlighet som var ild, galskap og tilbedelse kom med Thornton.

Cet homme avait sauvé la vie de Buck, et cela seul signifiait beaucoup.

Denne mannen hadde reddet Bucks liv, og det alene betydde mye.

Mais plus que cela, John Thornton était le type de maître idéal.

Men mer enn det, var John Thornton den ideelle typen mester.

D'autres hommes s'occupaient de chiens par devoir ou par nécessité professionnelle.

Andre menn tok seg av hunder av plikt eller forretningsmessig nødvendighet.

John Thornton prenait soin de ses chiens comme s'ils étaient ses enfants.

John Thornton tok vare på hundene sine som om de var barna hans.

Il prenait soin d'eux parce qu'il les aimait et qu'il ne pouvait tout simplement pas s'en empêcher.

Han brydde seg om dem fordi han elsket dem og rett og slett ikke kunne noe for det.

John Thornton a vu encore plus loin que la plupart des hommes n'ont jamais réussi à voir.

John Thornton så enda lenger enn de fleste menn noen gang klarte å se.

Il n'oubliait jamais de les saluer gentiment ou de leur adresser un mot d'encouragement.

Han glemte aldri å hilse vennlig på dem eller si et oppmuntrende ord.

Il adorait s'asseoir avec les chiens pour de longues conversations, ou « gazeuses », comme il disait.

Han elsket å sitte ned med hundene for lange samtaler, eller «gassy», som han sa.

Il aimait saisir brutalement la tête de Buck entre ses mains fortes.

Han likte å gripe Bucks hode hardt mellom sine sterke hender.

Puis il posa sa tête contre celle de Buck et le secoua doucement.

Så hvilte han hodet mot Bucks og ristet ham forsiktig.

Pendant tout ce temps, il traitait Buck de noms grossiers qui signifiaient de l'amour pour Buck.

Hele tiden kalte han Buck frekke navn som betydde kjærlighet for Buck.

Pour Buck, cette étreinte brutale et ces mots ont apporté une joie profonde.

For Buck brakte den harde omfavnelsen og de ordene dyp glede.

Son cœur semblait se déchaîner de bonheur à chaque mouvement.

Hjertet hans syntes å riste løs av lykke ved hver bevegelse.

Lorsqu'il se releva ensuite, sa bouche semblait rire.

Da han spratt opp etterpå, så det ut som om munnen hans lo.

Ses yeux brillaient et sa gorge tremblait d'une joie inexprimée.

Øynene hans skinte klart, og halsen hans skalv av uuttalt glede.

Son sourire resta figé dans cet état d'émotion et d'affection rayonnante.

Smilet hans sto stille i den følelsesmessige og glødende hengivenheten.

Thornton s'exclama alors pensivement : « Mon Dieu ! Il peut presque parler ! »

Så utbrøt Thornton tankefullt: «Herregud! han kan nesten snakke!»

Buck avait une étrange façon d'exprimer son amour qui causait presque de la douleur.

Buck hadde en merkelig måte å uttrykke kjærlighet på som nesten forårsaket smerte.

Il serrait souvent très fort la main de Thornton entre ses dents.

Han grep ofte Thorntons hånd veldig hardt mellom tennene.

La morsure allait laisser des marques profondes qui resteraient un certain temps après.

Bittet kom til å sette dype spor som ble værende en stund etterpå.

Buck croyait que ces serments étaient de l'amour, et Thornton savait la même chose.

Buck trodde at disse edene var kjærlighet, og Thornton visste det samme.

Le plus souvent, l'amour de Buck se manifestait par une adoration silencieuse, presque silencieuse.

Som oftest viste Bucks kjærlighet seg i stille, nesten stille tilbedelse.

Bien qu'il soit ravi lorsqu'on le touche ou qu'on lui parle, il ne cherche pas à attirer l'attention.

Selv om han ble begeistret når han ble berørt eller snakket til, søkte han ikke oppmerksomhet.

Skeet a poussé son nez sous la main de Thornton jusqu'à ce qu'il la caresse.

Skeet dyttet nesen sin under Thorntons hånd til han klappet henne.

Nig s'approcha tranquillement et posa sa grosse tête sur le genou de Thornton.

Nig gikk stille bort og hvilte sitt store hode på Thorntons kne.

Buck, au contraire, se contentait d'aimer à distance respectueuse.

Buck, derimot, var fornøyd med å elske fra en respektfull avstand.

Il resta allongé pendant des heures aux pieds de Thornton, alerte et observant attentivement.

Han lå i timevis ved Thorntons føtter, årvåken og observerende.

Buck étudiait chaque détail du visage de son maître et le moindre mouvement.

Buck studerte hver eneste detalj i sin herres ansikt og minste bevegelse.

Ou bien il était allongé plus loin, étudiant la silhouette de l'homme en silence.

Eller løy lenger unna, og studerte mannens skikkelse i stillhet.

Buck observait chaque petit mouvement, chaque changement de posture ou de geste.

Buck så på hver lille bevegelse, hver endring i holdning eller gest.

Ce lien était si puissant qu'il attirait souvent le regard de Thornton.

Denne forbindelsen var så sterk at den ofte fanget Thorntons blikk.

Il rencontra les yeux de Buck sans un mot, l'amour brillant clairement à travers.

Han møtte Bucks blikk uten ord, kjærligheten skinte klart gjennom.

Pendant longtemps après avoir été sauvé, Buck n'a jamais laissé Thornton hors de vue.

I lang tid etter at han ble reddet, lot Buck aldri Thornton være ute av syne.

Chaque fois que Thornton quittait la tente, Buck le suivait de près à l'extérieur.

Hver gang Thornton forlot teltet, fulgte Buck ham tett ut.

Tous les maîtres sévères du Northland avaient fait que Buck avait peur de faire confiance.

Alle de harde herrene i Nordlandet hadde gjort Buck redd for å stole på ham.

Il craignait qu'aucun homme ne puisse rester son maître plus d'un court instant.

Han fryktet at ingen mann kunne forbli hans herre i mer enn en kort tid.

Il craignait que John Thornton ne disparaisse comme Perrault et François.

Han fryktet at John Thornton kom til å forsvinne i likhet med Perrault og François.

Même la nuit, la peur de le perdre hantait le sommeil agité de Buck.

Selv om natten hjemsøkte frykten for å miste ham Bucks urolige søvn.

Quand Buck se réveilla, il se glissa dehors dans le froid et se dirigea vers la tente.

Da Buck våknet, krøp han ut i kulden og gikk til teltet.

Il écoutait attentivement le doux bruit de la respiration à l'intérieur.

Han lyttet nøye etter den myke lyden av pust inni seg.

Malgré l'amour profond de Buck pour John Thornton, la nature sauvage est restée vivante.

Til tross for Bucks dype kjærlighet til John Thornton, holdt villmarken seg i live.

Cet instinct primitif, éveillé dans le Nord, n'a pas disparu.

Det primitive instinktet, vekket i Nord, forsvant ikke.

L'amour a apporté la dévotion, la loyauté et le lien chaleureux du coin du feu.

Kjærlighet brakte hengivenhet, lojalitet og peisens varme bånd.

Mais Buck a également conservé son instinct sauvage, vif et toujours en alerte.

Men Buck beholdt også sine ville instinkter, skarpe og alltid årvåkne.

Il n'était pas seulement un animal de compagnie apprivoisé venu des terres douces de la civilisation.

Han var ikke bare et temmet kjæledyr fra sivilisasjonens myke land.

Buck était un être sauvage qui était venu s'asseoir près du feu de Thornton.

Buck var et villvesen som hadde kommet inn for å sitte ved Thorntons bål.

Il ressemblait à un chien du Southland, mais la sauvagerie vivait en lui.

Han så ut som en sørlandshund, men det levde villskap i ham.

Son amour pour Thornton était trop grand pour permettre de voler cet homme.

Hans kjærlighet til Thornton var for stor til å tillate tyveri fra mannen.

Mais dans n'importe quel autre camp, il volerait avec audace et sans relâche.

Men i enhver annen leir ville han stjele frimodig og uten stopp.

Il était si habile à voler que personne ne pouvait l'attraper ou l'accuser.

Han var så lur i å stjele at ingen kunne fange eller anklage ham.

Son visage et son corps étaient couverts de cicatrices dues à de nombreux combats passés.

Ansiktet og kroppen hans var dekket av arr fra mange tidligere kamper.

Buck se battait toujours avec acharnement, mais maintenant il se battait avec plus de ruse.

Buck kjempet fortsatt voldsomt, men nå kjempet han med mer list.

Skeet et Nig étaient trop doux pour se battre, et ils appartenaient à Thornton.

Skeet og Nig var for snille til å slåss, og de var Thorntons.

Mais tout chien étranger, aussi fort ou courageux soit-il, cédait.

Men enhver fremmed hund, uansett hvor sterk eller modig den var, ga etter.

Sinon, le chien se retrouvait à lutter contre Buck, à se battre pour sa vie.

Ellers måtte hunden kjempe mot Buck; kjempe for livet sitt.

Buck n'a eu aucune pitié une fois qu'il a choisi de se battre contre un autre chien.

Buck viste ingen nåde da han valgte å kjempe mot en annen hund.

Il avait bien appris la loi du gourdin et des crocs dans le Nord.

Han hadde lært seg loven om kølle og hoggtenner godt i Nordlandet.

Il n'a jamais abandonné un avantage et n'a jamais reculé devant la bataille.

Han ga aldri fra seg et forsprang og trakk seg aldri tilbake fra kamp.

Il avait étudié les Spitz et les chiens les plus féroces de la poste et de la police.

Han hadde studert spisshund og de mest voldsomme post- og politihundene.

Il savait clairement qu'il n'y avait pas de juste milieu dans un combat sauvage.

Han visste tydelig at det ikke fantes noen mellomvei i vill kamp.

Il doit gouverner ou être gouverné ; faire preuve de miséricorde signifie faire preuve de faiblesse.

Han måtte herske eller bli styrt; å vise barmhjertighet betydde å vise svakhet.

La miséricorde était inconnue dans le monde brut et brutal de la survie.

Barmhjertighet var ukjent i den rå og brutale overlevelsesverdenen.

Faire preuve de miséricorde était perçu comme de la peur, et la peur menait rapidement à la mort.

Å vise barmhjertighet ble sett på som frykt, og frykt førte raskt til døden.

L'ancienne loi était simple : tuer ou être tué, manger ou être mangé.

Den gamle loven var enkel: drep eller bli drept, spis eller bli spist.

Cette loi venait des profondeurs du temps, et Buck la suivait pleinement.

Den loven kom fra tidens dyp, og Buck fulgte den fullt ut.

Buck était plus vieux que son âge et que le nombre de respirations qu'il prenait.

Buck var eldre enn årene han var og antall åndedrag han tok.

Il a clairement relié le passé ancien au moment présent.

Han koblet den gamle fortiden tydelig til nåtiden.

Les rythmes profonds des âges le traversaient comme les marées.

Tidenes dype rytmer beveget seg gjennom ham som tidevannet.

Le temps pulsait dans son sang aussi sûrement que les saisons faisaient bouger la terre.

Tiden pulserte i blodet hans like sikkert som årstidene beveget jorden.

Il était assis près du feu de Thornton, la poitrine forte et les crocs blancs.

Han satt ved Thorntons peis, med kraftig bryst og hvite hoggtenner.

Sa longue fourrure ondulait, mais derrière lui, les esprits des chiens sauvages observaient.

Den lange pelsen hans blafret, men bak ham så ville hunders ånder på.

Des demi-loups et des loups à part entière s'agitaient dans son cœur et dans ses sens.

Halvulver og hele ulver rørte seg i hjertet og sansene hans.

Ils goûtèrent sa viande et burent la même eau que lui.

De smakte på kjøttet hans og drakk det samme vannet som han gjorde.

Ils reniflaient le vent à ses côtés et écoutaient la forêt.

De snuste i vinden ved siden av ham og lyttet til skogen.

Ils murmuraient la signification des sons sauvages dans l'obscurité.

De hvisket betydningen av de ville lydene i mørket.

Ils façonnaient ses humeurs et guidaient chacune de ses réactions silencieuses.

De formet humøret hans og styrte hver av hans stille reaksjoner.

Ils se sont couchés avec lui pendant son sommeil et sont devenus une partie de ses rêves profonds.

De lå hos ham mens han sov, og ble en del av hans dype drømmer.

Ils rêvaient avec lui, au-delà de lui, et constituaient son esprit même.

De drømte med ham, forbi ham, og skapte selve hans ånd.

Les esprits de la nature appelèrent si fort que Buck se sentit attiré.

Villmarkens ånder ropte så sterkt at Buck følte seg dratt.

Chaque jour, l'humanité et ses revendications s'affaiblissaient dans le cœur de Buck.

Hver dag ble menneskeheten og dens krav svakere i Bucks hjerte.

Au plus profond de la forêt, un appel étrange et palpitant allait s'élever.

Dypt inne i skogen skulle et merkelig og spennende rop komme.

Chaque fois qu'il entendait l'appel, Buck ressentait une envie à laquelle il ne pouvait résister.

Hver gang han hørte kallet, følte Buck en trang han ikke kunne motstå.

Il allait se détourner du feu et des sentiers battus des humains.

Han skulle vende seg bort fra ilden og bort fra de opptråkkede menneskeveiene.

Il allait s'enfoncer dans la forêt, avançant sans savoir pourquoi.

Han skulle til å stupe inn i skogen, fortsette uten å vite hvorfor.

Il ne remettait pas en question cette attraction, car l'appel était profond et puissant.

Han stilte ikke spørsmål ved denne tiltrekningen, for kallet var dypt og kraftfullt.

Souvent, il atteignait l'ombre verte et la terre douce et intacte

Ofte nådde han den grønne skyggen og den myke, uberørte jorden

Mais ensuite, son amour profond pour John Thornton l'a ramené vers le feu.

Men så trakk den sterke kjærligheten til John Thornton ham tilbake til ilden.

Seul John Thornton tenait véritablement le cœur sauvage de Buck entre ses mains.

Bare John Thornton holdt virkelig Bucks ville hjerte i sitt grep.

Le reste de l'humanité n'avait aucune valeur ni signification durable pour Buck.

Resten av menneskeheten hadde ingen varig verdi eller mening for Buck.

Les étrangers pourraient le féliciter ou caresser sa fourrure avec des mains amicales.

Fremmede kan rose ham eller stryke pelsen hans med vennlige hender.

Buck resta impassible et s'éloigna à cause de trop d'affection.

Buck forble urørt og gikk sin vei på grunn av for mye hengivenhet.

Hans et Pete sont arrivés avec le radeau qu'ils attendaient depuis longtemps

Hans og Pete ankom med flåten som lenge hadde vært etterlengtet

Buck les a ignorés jusqu'à ce qu'il apprenne qu'ils étaient proches de Thornton.

Buck ignorerte dem helt til han fikk vite at de var i nærheten av Thornton.

Après cela, il les a tolérés, mais ne leur a jamais montré toute sa chaleur.

Etter det tolererte han dem, men viste dem aldri full varme.

Il prenait de la nourriture ou des marques de gentillesse de leur part comme s'il leur rendait service.

Han tok imot mat eller vennlighet fra dem som om han gjorde dem en tjeneste.

Ils étaient comme Thornton : simples, honnêtes et clairs dans leurs pensées.

De var som Thornton – enkle, ærlige og klare i tankene.

Tous ensemble, ils se rendirent à la scierie de Dawson et au grand tourbillon

Alle sammen reiste de til Dawsons sagbruk og den store virvelen

Au cours de leur voyage, ils ont appris à comprendre profondément la nature de Buck.

På reisen lærte de å forstå Bucks natur dypt.

Ils n'ont pas essayé de se rapprocher comme Skeet et Nig l'avaient fait.

De prøvde ikke å komme nærmere hverandre slik Skeet og Nig hadde gjort.

Mais l'amour de Buck pour John Thornton n'a fait que s'approfondir avec le temps.

Men Bucks kjærlighet til John Thornton ble bare dypere over tid.

Seul Thornton pouvait placer un sac sur le dos de Buck en été.

Bare Thornton kunne legge en pakke på Bucks rygg om sommeren.

Quoi que Thornton ordonne, Buck était prêt à l'exécuter pleinement.

Uansett hva Thornton beordret, var Buck villig til å gjøre fullt ut.

Un jour, après avoir quitté Dawson pour les sources du Tanana,

En dag, etter at de forlot Dawson for å dra til Tanana-elvens kilder,

le groupe était assis sur une falaise qui descendait d'un mètre jusqu'au substrat rocheux nu.

Gruppen satt på en klippe som falt en meter ned til bart fjellgrunn.

John Thornton était assis près du bord et Buck se reposait à côté de lui.

John Thornton satt nær kanten, og Buck hvilte ved siden av ham.

Thornton eut une pensée soudaine et attira l'attention des hommes.

Thornton fikk en plutselig tanke og tiltrakk seg mennenes oppmerksomhet.

Il désigna le gouffre et donna un seul ordre à Buck.

Han pekte over kløften og ga Buck én kommando.

« Saute, Buck ! » dit-il en balançant son bras au-dessus de la chute.

«Hopp, Buck!» sa han og svingte armen ut over stupet.

En un instant, il dut attraper Buck, qui sautait pour obéir.

I et øyeblikk måtte han gripe tak i Buck, som spratt for å adlyde.

Hans et Pete se sont précipités en avant et ont ramené les deux hommes en sécurité.

Hans og Pete løp frem og dro begge tilbake i sikkerhet.

Une fois que tout fut terminé et qu'ils eurent repris leur souffle, Pete prit la parole.

Etter at alt var over, og de hadde fått igjen pusten, tok Pete til orde.

« L'amour est étrange », dit-il, secoué par la dévotion féroce du chien.

«Kjærligheten er uhyggelig», sa han, rystet av hundens voldsomme hengivenhet.

Thornton secoua la tête et répondit avec un sérieux calme.

Thornton ristet på hodet og svarte med rolig alvor.

« Non, l'amour est splendide », dit-il, « mais aussi terrible. »

«Nei, kjærligheten er fantastisk», sa han, «men også forferdelig.»

« Parfois, je dois l'admettre, ce genre d'amour me fait peur. »

«Noen ganger må jeg innrømme at denne typen kjærlighet gjør meg redd.»

Pete hocha la tête et dit : « Je détesterais être l'homme qui te touche. »

Pete nikket og sa: «Jeg ville hate å være mannen som rører deg.»

Il regarda Buck pendant qu'il parlait, sérieux et plein de respect.

Han så på Buck mens han snakket, alvorlig og full av respekt.

« Py Jingo ! » s'empressa de dire Hans. « Moi non plus, non monsieur. »

«Py Jingo!» sa Hans raskt. «Jeg heller ikke, nei, sir.»

Avant la fin de l'année, les craintes de Pete se sont réalisées à Circle City.

Før året var omme, gikk Petes frykt i oppfyllelse i Circle City.

Un homme cruel nommé Black Burton a provoqué une bagarre dans le bar.

En grusom mann ved navn Black Burton startet en slåsskamp i baren.

Il était en colère et malveillant, s'en prenant à un nouveau tendre.

Han var sint og ondsinnet, og slo til mot en ny følsom fot.

John Thornton est intervenu, calme et de bonne humeur comme toujours.

John Thornton trådte til, rolig og godlynt som alltid.

Buck était allongé dans un coin, la tête baissée, observant Thornton de près.

Buck lå i et hjørne med hodet bøyd og fulgte nøye med på Thornton.

Burton frappa soudainement, son coup envoyant Thornton tourner.

Burton slo plutselig til, og slaget hans fikk Thornton til å snurre rundt.

Seule la barre du bar l'a empêché de s'écraser violemment au sol.

Bare rekkverket på stangen hindret ham i å krasje hardt i bakken.

Les observateurs ont entendu un son qui n'était ni un aboiement ni un cri.

Observatørene hørte en lyd som ikke var bjeffing eller hyling

un rugissement profond sortit de Buck alors qu'il se lançait vers l'homme.

et dypt brøl kom fra Buck idet han løp mot mannen.

Burton a levé le bras et a sauvé sa vie de justesse.

Burton kastet armen opp og reddet så vidt sitt eget liv.

Buck l'a percuté, le faisant tomber à plat sur le sol.

Buck krasjet inn i ham og slo ham flatt i gulvet.

Buck mordit profondément le bras de l'homme, puis se jeta à la gorge.

Buck bet dypt inn i mannens arm, og kastet seg deretter etter strupen.

Burton n'a pu bloquer que partiellement et son cou a été déchiré.

Burton kunne bare delvis blokkere, og nakken hans ble revet opp.

Des hommes se sont précipités, les bâtons levés, et ont chassé Buck de l'homme ensanglanté.

Menn stormet inn, heiste køllene og drev Buck av den blødende mannen.

Un chirurgien est intervenu rapidement pour arrêter l'écoulement du sang.

En kirurg jobbet raskt for å stoppe blodet fra å renne ut.

Buck marchait de long en large et grognait, essayant d'attaquer encore et encore.

Buck gikk frem og tilbake og knurret, og prøvde å angripe igjen og igjen.

Seuls les coups de massue l'ont empêché d'atteindre Burton.

Bare svingende køller hindret ham i å nå Burton.

Une réunion de mineurs a été convoquée et tenue sur place.

Et gruvearbeidermøte ble innkalt og holdt rett der på stedet.

Ils ont convenu que Buck avait été provoqué et ont voté pour le libérer.

De var enige om at Buck hadde blitt provosert og stemte for å sette ham fri.

Mais le nom féroce de Buck résonnait désormais dans tous les camps d'Alaska.

Men Bucks sterke navn ga nå gjenlyd i hver leir i Alaska.

Plus tard cet automne-là, Buck sauva à nouveau Thornton d'une nouvelle manière.

Senere samme høst reddet Buck Thornton igjen på en ny måte.

Les trois hommes guidaient un long bateau sur des rapides impétueux.

De tre mennene styrte en lang båt nedover røffe stryk.

Thornton dirigeait le bateau et donnait des indications pour se rendre sur le rivage.

Thornton manøvrerte båten og ropte veibeskrivelse til strandlinjen.

Hans et Pete couraient sur terre, tenant une corde d'arbre en arbre.

Hans og Pete løp på land og holdt et tau fra tre til tre.

Buck suivait le rythme sur la rive, surveillant toujours son maître.

Buck holdt tritt på bredden og holdt alltid øye med herren sin.

À un endroit désagréable, des rochers surplombaient les eaux vives.

På et stygt sted stakk steiner ut under det raske vannet.

Hans lâcha la corde et Thornton dirigea le bateau vers le large.

Hans slapp tauet, og Thornton styrte båten vidt.

Hans sprinta pour rattraper le bateau en passant devant les rochers dangereux.

Hans spurtet for å rekke båten igjen forbi de farlige steinene.

Le bateau a franchi le rebord mais a heurté une partie plus forte du courant.

Båten passerte avsatsen, men traff en sterkere del av strømmen.

Hans a attrapé la corde trop vite et a déséquilibré le bateau.

Hans grep tak i tauet for fort og dro båten ut av balanse.

Le bateau s'est retourné et a heurté la berge, cul en l'air.

Båten kantet og smalt inn i bredden, med bunnen opp.

Thornton a été jeté dehors et emporté dans la partie la plus sauvage de l'eau.

Thornton ble kastet ut og feid opp i den villeste delen av vannet.

Aucun nageur n'aurait pu survivre dans ces eaux mortelles et tumultueuses.

Ingen svømmer kunne ha overlevd i det dødelige, kappløpende vannet.

Buck sauta instantanément et poursuivit son maître sur la rivière.

Buck hoppet umiddelbart inn og jaget herren sin nedover elven.

Après trois cents mètres, il atteignit enfin Thornton.

Etter tre hundre meter nådde han endelig Thornton.

Thornton attrapa la queue de Buck, et Buck se tourna vers le rivage.

Thornton grep tak i Bucks hale, og Buck snudde seg mot land.

Il nageait de toutes ses forces, luttant contre la force de l'eau.

Han svømte med full styrke, og kjempet mot vannets ville drag.

Ils se déplaçaient en aval plus vite qu'ils ne pouvaient atteindre le rivage.

De beveget seg nedstrøms raskere enn de kunne nå kysten.

Plus loin, la rivière rugissait plus fort alors qu'elle tombait dans des rapides mortels.

Foran brølte elven høyere idet den falt ned i dødelige stryk.

Les rochers fendaient l'eau comme les dents d'un énorme peigne.

Steiner skar gjennom vannet som tennene på en enorm kam.

L'attraction de l'eau près de la chute était sauvage et inévitable.

Vanndraget nær dråpen var voldsomt og uunngåelig.

Thornton savait qu'ils ne pourraient jamais atteindre le rivage à temps.

Thornton visste at de aldri ville komme i land i tide.

Il a gratté un rocher, s'est écrasé sur un deuxième,

Han skrapte over én stein, slo over en annen,

Et puis il s'est écrasé contre un troisième rocher, l'attrapant à deux mains.

Og så krasjet han inn i en tredje stein og grep den med begge hender.

Il lâcha Buck et cria par-dessus le rugissement : « Vas-y, Buck ! Vas-y ! »

Han slapp taket i Buck og ropte over brølet: «Gå, Buck! Gå!»

Buck n'a pas pu rester à flot et a été emporté par le courant.

Buck klarte ikke å holde seg flytende og ble revet med av strømmen.

Il s'est battu avec acharnement, s'efforçant de se retourner, mais n'a fait aucun progrès.

Han kjempet hardt, slet med å snu, men gjorde ingen fremgang i det hele tatt.

Puis il entendit Thornton répéter l'ordre par-dessus le rugissement de la rivière.

Så hørte han Thornton gjenta kommandoen over elvens brøl.

Buck sortit de l'eau et leva la tête comme pour un dernier regard.

Buck steg opp av vannet og løftet hodet som for å kaste et siste blikk.

puis il se retourna et obéit, nageant vers la rive avec résolution.

så snudde han seg og adlød, og svømte besluttsomt mot bredden.

Pete et Hans l'ont tiré à terre au dernier moment possible.

Pete og Hans dro ham i land i siste liten.

Ils savaient que Thornton ne pourrait s'accrocher au rocher que quelques minutes de plus.

De visste at Thornton bare kunne klamre seg til fjellet i noen minutter til.

Ils coururent sur la berge jusqu'à un endroit bien au-dessus de l'endroit où il était suspendu.

De løp opp langs bredden til et sted langt over der han hang.

Ils ont soigneusement attaché la ligne du bateau au cou et aux épaules de Buck.

De bandt båtens line forsiktig til Bucks nakke og skuldre.

La corde était serrée mais suffisamment lâche pour permettre la respiration et le mouvement.

Tauet var stramt, men løst nok til å puste og bevege seg.

Puis ils le jetèrent à nouveau dans la rivière tumultueuse et mortelle.

Så kastet de ham ut i den brusende, dødelige elven igjen.

Buck nageait avec audace mais manquait son angle face à la force du courant.

Buck svømte dristig, men bommet på vinkelen inn i strømmens kraft.

Il a vu trop tard qu'il allait dépasser Thornton.

Han så for sent at han kom til å drive forbi Thornton.

Hans tira fort sur la corde, comme si Buck était un bateau en train de chavirer.

Hans stramt i tauet, som om Buck var en kantret båt.

Le courant l'a entraîné vers le fond et il a disparu sous la surface.

Strømmen dro ham ned, og han forsvant under overflaten.

Son corps a heurté la berge avant que Hans et Pete ne le sortent.

Kroppen hans traff banken før Hans og Pete dro ham ut.

Il était à moitié noyé et ils l'ont chassé de l'eau.

Han var halvt druknet, og de hamret vannet ut av ham.

Buck se leva, tituba et s'effondra à nouveau sur le sol.

Buck reiste seg, sjanglet og falt sammen igjen på bakken.

Puis ils entendirent la voix de Thornton faiblement portée par le vent.

Så hørte de Thorntons stemme, svakt båret av vinden.

Même si les mots n'étaient pas clairs, ils savaient qu'il était proche de la mort.

Selv om ordene var uklare, visste de at han var døden nær.

Le son de la voix de Thornton frappa Buck comme une décharge électrique.

Lyden av Thorntons stemme traff Buck som et elektrisk støt.

Il sauta et courut sur la berge, retournant au point de lancement.

Han hoppet opp og løp opp langs bredden, tilbake til utskytningspunktet.

Ils attachèrent à nouveau la corde à Buck, et il entra à nouveau dans le ruisseau.

Igjen bandt de tauet til Buck, og igjen gikk han ut i bekken.

Cette fois, il nagea directement et fermement dans l'eau tumultueuse.

Denne gangen svømte han rett og bestemt ut i det brusende vannet.

Hans laissa sortir la corde régulièrement tandis que Pete l'empêchait de s'emmêler.

Hans slapp tauet jevnt ut mens Pete hindret det i å floke seg.

Buck a nagé avec acharnement jusqu'à ce qu'il soit aligné juste au-dessus de Thornton.

Buck svømte fort helt til han sto i kø rett over Thornton.

Puis il s'est retourné et a foncé comme un train à toute vitesse.

Så snudde han seg og løp nedover som et tog i full fart.

Thornton le vit arriver, se redressa et entoura son cou de ses bras.

Thornton så ham komme, forberedt og låste armene rundt halsen hans.

Hans a attaché la corde fermement autour d'un arbre alors qu'ils étaient tous les deux entraînés sous l'eau.

Hans bandt tauet fast rundt et tre idet begge ble trukket under.

Ils ont dégringolé sous l'eau, s'écrasant contre des rochers et des débris de la rivière.

De falt under vann og traff steiner og elveavfall.

Un instant, Buck était au sommet, l'instant d'après, Thornton se levait en haletant.

Det ene øyeblikket var Buck på toppen, det neste reiste Thornton seg gispet.

Battus et étouffés, ils se dirigèrent vers la rive et la sécurité.

Forslåtte og kvalte, svingte de mot bredden og sikkerheten.

Thornton a repris connaissance, allongé sur un tronc d'arbre.

Thornton gjenvant bevisstheten, liggende over en drivstokk.

Hans et Pete ont travaillé dur pour lui redonner souffle et vie.

Hans og Pete jobbet hardt med ham for å få tilbake pusten og livet.

Sa première pensée fut pour Buck, qui gisait immobile et mou.

Hans første tanke var om Buck, som lå ubevegelig og slapp.

Nig hurla sur le corps de Buck et Skeet lui lécha doucement le visage.

Nig hylte over Bucks kropp, og Skeet slikket ham forsiktig i ansiktet.

Thornton, endolori et meurtri, examina Buck avec des mains prudentes.

Thornton, sår og forslått, undersøkte Buck med forsiktige hender.

Il a trouvé trois côtes cassées, mais aucune blessure mortelle chez le chien.

Han fant tre brukne ribbein, men ingen dødelige sår hos hunden.

« C'est réglé », dit Thornton. « On campe ici. » Et c'est ce qu'ils firent.

«Det avgjør saken», sa Thornton. «Vi camper her.» Og det gjorde de.

Ils sont restés jusqu'à ce que les côtes de Buck soient guéries et qu'il puisse à nouveau marcher.

De ble værende til Bucks ribbein var grodd og han kunne gå igjen.

Cet hiver-là, Buck accomplit un exploit qui augmenta encore sa renommée.

Den vinteren utførte Buck en bragd som økte berømmelsen hans ytterligere.

C'était moins héroïque que de sauver Thornton, mais tout aussi impressionnant.

Det var mindre heroisk enn å redde Thornton, men like imponerende.

À Dawson, les partenaires avaient besoin de provisions pour un long voyage.

I Dawson trengte partnerne forsyninger til en fjern reise.

Ils voulaient voyager vers l'Est, dans des terres sauvages et intactes.

De ville reise østover, inn i uberørte villmarker.

L'acte de Buck dans l'Eldorado Saloon a rendu ce voyage possible.

Bucks gjerning i Eldorado Saloon gjorde den turen mulig.

Tout a commencé avec des hommes qui se vantaient de leurs chiens en buvant un verre.

Det begynte med menn som skrøt av hundene sine over drinker.

La renommée de Buck a fait de lui la cible de défis et de doutes.

Bucks berømmelse gjorde ham til mål for utfordringer og tvil.

Thornton, fier et calme, resta ferme dans la défense du nom de Buck.

Thornton, stolt og rolig, forsvarte Bucks navn standhaftig.

Un homme a déclaré que son chien pouvait facilement tirer deux cents kilos.

En mann sa at hunden hans lett kunne trekke fem hundre pund.

Un autre a dit six cents, et un troisième s'est vanté d'en avoir sept cents.

En annen sa seks hundre, og en tredje skrøt av syv hundre.

« Pfft ! » dit John Thornton, « Buck peut tirer un traîneau de mille livres. »

«Pfft!» sa John Thornton, «Buck kan trekke en slede på tusen pund.»

Matthewson, un roi de Bonanza, s'est penché en avant et l'a défié.

Matthewson, en Bonanza-konge, lente seg frem og utfordret ham.

« Tu penses qu'il peut mettre autant de poids en mouvement ? »

«Tror du han kan legge så mye vekt i bevegelse?»

« Et tu penses qu'il peut tirer le poids sur une centaine de mètres ? »

«Og du tror han kan trekke vekten hele hundre meter?»

Thornton répondit froidement : « Oui. Buck est assez doué pour le faire. »

Thornton svarte kjølig: «Ja. Buck er hund nok til å gjøre det.»

« Il mettra mille livres en mouvement et le tirera sur une centaine de mètres. »

«Han setter tusen pund i bevegelse og trekker det hundre meter.»

Matthewson sourit lentement et s'assura que tous les hommes entendaient ses paroles.

Matthewson smilte sakte og sørget for at alle mennene hørte ordene hans.

« J'ai mille dollars qui disent qu'il ne peut pas. Le voilà. »

«Jeg har tusen dollar som sier at han ikke kan. Der er de.»

Il a claqué un sac de poussière d'or de la taille d'une saucisse sur le bar.

Han slengte en sekk med gullstøv på størrelse med en pølse i baren.

Personne ne dit un mot. Le silence devint pesant et tendu autour d'eux.

Ingen sa et ord. Stillheten ble tung og anspent rundt dem.

Le bluff de Thornton – s'il en était un – avait été pris au sérieux.

Thorntons bløff – hvis det var en – hadde blitt tatt alvorlig.

Il sentit la chaleur monter sur son visage tandis que le sang affluait sur ses joues.

Han kjente varmen stige i ansiktet idet blodet strømmet opp i kinnene hans.

Sa langue avait pris le pas sur sa raison à ce moment-là.

Tungen hans hadde kommet fornuften i forkjøpet i det øyeblikket.

Il ne savait vraiment pas si Buck pouvait déplacer mille livres.

Han visste virkelig ikke om Buck kunne flytte tusen pund.

Une demi-tonne ! Rien que sa taille lui pesait le cœur.

Et halvt tonn! Bare størrelsen på den gjorde hjertet hans tungt.

Il avait foi en la force de Buck et le pensait capable.

Han hadde tro på Bucks styrke og hadde trodd at han var dyktig.

Mais il n'avait jamais été confronté à ce genre de défi, pas comme celui-ci.

Men han hadde aldri møtt denne typen utfordring, ikke som denne.

Une douzaine d'hommes l'observaient tranquillement, attendant de voir ce qu'il allait faire.

Et dusin menn så stille på ham og ventet på å se hva han ville gjøre.

Il n'avait pas d'argent, ni Hans ni Pete.

Han hadde ikke penger – verken Hans eller Pete hadde det.

« J'ai un traîneau dehors », dit Matthewson froidement et directement.

«Jeg har en kjelke utenfor», sa Matthewson kaldt og direkte.

« Il est chargé de vingt sacs de cinquante livres chacun, tous de farine.

«Den er lastet med tjue sekker, femti pund hver, bare mel.»

« Alors ne laissez pas un traîneau manquant devenir votre excuse maintenant », a-t-il ajouté.

Så ikke la en savnet slede være din unnskyldning nå,» la han til.

Thornton resta silencieux. Il ne savait pas quels mots lui dire.

Thornton sto stille. Han visste ikke hvilke ord han skulle si.

Il regarda les visages autour de lui sans les voir clairement.

Han så seg rundt på ansiktene uten å se dem tydelig.

Il ressemblait à un homme figé dans ses pensées, essayant de redémarrer.

Han så ut som en mann som var fastlåst i tanker og prøvde å starte på nytt.

Puis il a vu Jim O'Brien, un ami de l'époque Mastodon.

Så så han Jim O'Brien, en venn fra Mastodon-dagene.

Ce visage familier lui a donné un courage qu'il ne savait pas avoir.

Det kjente ansiktet ga ham mot han ikke visste han hadde.

Il se tourna et demanda à voix basse : « Peux-tu me prêter mille ? »

Han snudde seg og spurte med lav stemme: «Kan du låne meg tusen?»

« Bien sûr », dit O'Brien, laissant déjà tomber un lourd sac près de l'or.

«Jada,» sa O'Brien, og slapp allerede en tung sekk ved siden av gullet.

« Mais honnêtement, John, je ne crois pas que la bête puisse faire ça. »

«Men ærlig talt, John, jeg tror ikke at udyret kan gjøre dette.»

Tout le monde dans le Saloon Eldorado s'est précipité dehors pour voir l'événement.

Alle i Eldorado Saloon løp ut for å se arrangementet.

Ils ont laissé les tables et les boissons, et même les jeux ont été interrompus.

De forlot bord og drinker, og til og med kampene ble satt på pause.

Les croupiers et les joueurs sont venus assister à la fin de ce pari audacieux.

Dealere og gamblere kom for å være vitne til slutten av det dristige veddemålet.

Des centaines de personnes se sont rassemblées autour du traîneau dans la rue glacée.

Hundrevis samlet seg rundt sleden på den isete åpne gaten.

Le traîneau de Matthewson était chargé d'une charge complète de sacs de farine.

Matthewsons slede sto med en full last med melsekker.

Le traîneau était resté immobile pendant des heures à des températures négatives.

Snøscooteren hadde stått i timevis i minustemperaturer.

Les patins du traîneau étaient gelés et collés à la neige tassée.

Snøscooterens meder var frosset fast til den pakkete snøen.

Les hommes ont offert une cote de deux contre un que Buck ne pourrait pas déplacer le traîneau.

Mennene ga to til én odds på at Buck ikke kunne flytte sleden.

Une dispute a éclaté sur ce que signifiait réellement « sortir ».

Det oppsto en krangel om hva «utbrudd» egentlig betydde.

O'Brien a déclaré que Thornton devrait desserrer la base gelée du traîneau.

O'Brien sa at Thornton burde løsne sledens frosne bunn.

Buck pourrait alors « sortir » d'un départ solide et immobile.

Buck kunne da «bryte ut» fra en solid, stillestående start.

Matthewson a soutenu que le chien devait également libérer les coureurs.

Matthewson argumenterte at hunden også måtte rive løperne løs.

Les hommes qui avaient entendu le pari étaient d'accord avec le point de vue de Matthewson.

Mennene som hadde hørt veddemålet var enige i Matthewsons syn.

Avec cette décision, les chances sont passées à trois contre un contre Buck.

Med den kjennelsen hoppet oddsen til tre mot én mot Buck.

Personne ne s'est manifesté pour prendre en compte les chances croissantes de trois contre un.

Ingen tok imot den økende oddsen på tre til én.

Pas un seul homme ne croyait que Buck pouvait accomplir un tel exploit.

Ikke en eneste mann trodde Buck kunne utføre den store bragden.

Thornton s'était précipité dans le pari, lourd de doutes.

Thornton hadde blitt forhastet inn i veddemålet, tynget av tvil.

Il regarda alors le traîneau et l'attelage de dix chiens à côté.

Nå så han på sleden og tihunders spannet ved siden av den.

En voyant la réalité de la tâche, elle semblait encore plus impossible.

Å se oppgavens realitet gjorde den mer umulig.

Matthewson était plein de fierté et de confiance à ce moment-là.

Matthewson var full av stolthet og selvtillit i det øyeblikket.

« Trois contre un ! » cria-t-il. « Je parie mille de plus, Thornton !

«Tre mot én!» ropte han. «Jeg vedder på tusen til, Thornton!»

« Que dites-vous ? » ajouta-t-il, assez fort pour que tout le monde l'entende.

«Hva sier du?» la han til, høyt nok til at alle kunne høre det.

Le visage de Thornton exprimait ses doutes, mais son esprit s'était élevé.

Thorntons ansikt viste tvilen hans, men motet hans hadde steget.

Cet esprit combatif ignorait les probabilités et ne craignait rien du tout.

Den kampånden ignorerte odds og fryktet ingenting i det hele tatt.

Il a appelé Hans et Pete pour apporter tout leur argent sur la table.

Han ringte Hans og Pete for å få alle pengene sine til bordet.

Il ne leur restait plus grand-chose : seulement deux cents dollars au total.

De hadde lite igjen – bare to hundre dollar til sammen.

Cette petite somme représentait toute leur fortune pendant les temps difficiles.

Denne lille summen var deres totale formue i vanskelige tider.

Pourtant, ils ont misé toute leur fortune contre le pari de Matthewson.

Likevel satset de hele formuen mot Matthewsons veddemål.

L'attelage de dix chiens a été dételé et éloigné du traîneau.

Tihunders spannet ble løsnet og beveget seg bort fra sleden.

Buck a été placé dans les rênes, portant son harnais familier.

Buck ble plassert i tømmene, iført sin kjente sele.

Il avait capté l'énergie de la foule et ressenti la tension.

Han hadde fanget energien i mengden og følt spenningen.

D'une manière ou d'une autre, il savait qu'il devait faire quelque chose pour John Thornton.

På en eller annen måte visste han at han måtte gjøre noe for John Thornton.

Les gens murmuraient avec admiration devant la fière silhouette du chien.

Folk mumlet av beundring over hundens stolte skikkelse.

Il était mince et fort, sans une seule once de chair supplémentaire.

Han var slank og sterk, uten et eneste unse ekstra kjøtt.

Son poids total de cent cinquante livres n'était que puissance et endurance.

Hans fulle vekt på hundre og femti pund var ren kraft og utholdenhet.

Le pelage de Buck brillait comme de la soie, épais de santé et de force.

Bucks pels glitret som silke, tykk av helse og styrke.

La fourrure le long de son cou et de ses épaules semblait se soulever et se hérisser.

Pelsen langs nakken og skuldrene hans syntes å løfte seg og buse.

Sa crinière bougeait légèrement, chaque cheveu vivant de sa grande énergie.

Manen hans beveget seg litt, hvert hårstrå levende med hans store energi.

Sa large poitrine et ses jambes fortes correspondaient à sa silhouette lourde et robuste.

Hans brede brystkasse og sterke ben passet til den tunge, robuste kroppen hans.

Des muscles ondulaient sous son manteau, tendus et fermes comme du fer lié.

Musklene bølget under frakken hans, stramme og faste som bundet jern.

Les hommes le touchaient et juraient qu'il était bâti comme une machine en acier.

Menn berørte ham og sverget på at han var bygd som en stålmaskin.

Les chances ont légèrement baissé à deux contre un contre le grand chien.

Oddsen falt litt til to mot én mot den flotte hunden.

Un homme des bancs de Skookum s'avança en bégayant.

En mann fra Skookum-benkene dyttet seg frem, stammende.

« Bien, monsieur ! J'offre huit cents pour lui – avant l'examen, monsieur ! »

«Bra, herre! Jeg tilbyr åtte hundre for ham – før testen, herre!»

« Huit cents, tel qu'il est en ce moment ! » insista l'homme.

«Åtte hundre, slik han står akkurat nå!» insisterte mannen.

Thornton s'avança, sourit et secoua calmement la tête.

Thornton gikk frem, smilte og ristet rolig på hodet.

Matthewson est rapidement intervenu avec une voix d'avertissement et un froncement de sourcils.

Matthewson grep raskt inn med en advarende stemme og rynket pannen.

« Éloignez-vous de lui », dit-il. « Laissez-lui de l'espace. »

«Du må ta et skritt unna ham», sa han. «Gi ham plass.»

La foule se tut ; seuls les joueurs continuaient à miser deux contre un.

Publikum ble stille; bare spillerne tilbød fortsatt to mot én.

Tout le monde admirait la carrure de Buck, mais la charge semblait trop lourde.

Alle beundret Bucks kroppsbygning, men lasten så for stor ut.

Vingt sacs de farine, pesant chacun cinquante livres, semblaient beaucoup trop.

Tjue sekker med mel – hver på femti pund – virket altfor mye.

Personne n'était prêt à ouvrir sa bourse et à risquer son argent.

Ingen var villig til å åpne posen sin og risikere pengene sine.

Thornton s'agenouilla à côté de Buck et prit sa tête à deux mains.

Thornton knelte ved siden av Buck og tok hodet hans i begge hender.

Il pressa sa joue contre celle de Buck et lui parla à l'oreille.

Han presset kinnet mot Bucks og snakket inn i øret hans.

Il n'y avait plus de secousses enjouées ni d'insultes affectueuses murmurées.

Det var ingen leken risting eller hviskede kjærlige fornærmelser nå.

Il murmura simplement doucement : « Autant que tu m'aimes, Buck. »

Han mumlet bare lavt: «Så mye som du elsker meg, Buck.»

Buck émit un gémissement silencieux, son impatience à peine contenue.

Buck hylte lavt, iveren hans knapt undertrykt.

Les spectateurs observaient avec curiosité la tension qui emplissait l'air.

Tilskuerne så nysgjerrig på mens spenningen fylte luften.

Le moment semblait presque irréel, comme quelque chose qui dépassait la raison.

Øyeblikket føltes nesten uvirkelig, som noe hinsides all fornuft.

Lorsque Thornton se leva, Buck prit doucement sa main dans ses mâchoires.

Da Thornton reiste seg, tok Buck forsiktig hånden hans mellom kjevene sine.

Il appuya avec ses dents, puis relâcha lentement et doucement.

Han presset ned med tennene, og slapp deretter sakte og forsiktig.

C'était une réponse silencieuse d'amour, non prononcée, mais comprise.

Det var et stille svar av kjærlighet, ikke uttalt, men forstått.

Thornton s'éloigna du chien et donna le signal.

Thornton trakk seg godt tilbake fra hunden og ga signalet.

« Maintenant, Buck », dit-il, et Buck répondit avec un calme concentré.

«Nå, Buck», sa han, og Buck svarte med fokusert ro.

Buck a resserré les traces, puis les a desserrées de quelques centimètres.

Buck strammet skinnene, og løsnet dem deretter noen centimeter.

C'était la méthode qu'il avait apprise ; sa façon de briser le traîneau.

Dette var metoden han hadde lært; hans måte å brekke sleden på.

« Tiens ! » cria Thornton, sa voix aiguë dans le silence pesant.

«Herregud!» ropte Thornton, med skarp stemme i den tunge stillheten.

Buck se tourna vers la droite et se jeta de tout son poids.

Buck snudde seg til høyre og kastet seg ut med all sin vekt.

Le mou disparut et toute la masse de Buck heurta les lignes serrées.

Slakken forsvant, og Bucks fulle masse traff de trange sporene.

Le traîneau tremblait et les patins émettaient un bruit de crépitement.

Sleden skalv, og mederne lagde en skarp knitrende lyd.

« Haw ! » ordonna Thornton, changeant à nouveau la direction de Buck.

«Ha!» befalte Thornton, og endret retning for Buck igjen.

Buck répéta le mouvement, cette fois en tirant brusquement vers la gauche.

Buck gjentok bevegelsen, denne gangen trakk han skarpt til venstre.

Le traîneau craquait plus fort, les patins claquaient et se déplaçaient.

Kjelken sprakk høyere, medene knitret og flyttet seg.

La lourde charge glissait légèrement latéralement sur la neige gelée.

Den tunge lasten gled litt sidelengs over den frosne snøen.

Le traîneau s'était libéré de l'emprise du sentier glacé !

Snøscooteren hadde løsnet fra den isete løypa!

Les hommes retenaient leur souffle, ignorant qu'ils ne respiraient même pas.

Mennene holdt pusten, uvitende om at de ikke engang pustet.

« Maintenant, TIREZ ! » cria Thornton à travers le silence glacial.

«Nå, DRA!» ropte Thornton utover den frosne stillheten.

L'ordre de Thornton résonna fort, comme le claquement d'un fouet.

Thorntons kommando runget skarpt, som lyden av en piske.

Buck se jeta en avant avec un mouvement violent et saccadé.

Buck kastet seg fremover med et voldsomt og rystende utfall.

Tout son corps se tendit et se contracta sous l'énorme tension.

Hele kroppen hans spente seg og sammenkrøplet på grunn av den massive belastningen.

Des muscles ondulaient sous sa fourrure comme des serpents prenant vie.

Muskler bølget under pelsen hans som slanger som våkner til liv.

Sa large poitrine était basse, la tête tendue vers l'avant en direction du traîneau.

Hans store brystkasse var lav, hodet strukket fremover mot sleden.

Ses pattes bougeaient comme l'éclair, ses griffes tranchant le sol gelé.

Potene hans beveget seg som lyn, klørne skar den frosne bakken.

Des rainures ont été creusées profondément alors qu'il luttait pour chaque centimètre de traction.

Det ble skåret dype spor mens han kjempet for hver centimeter med trekkraft.

Le traîneau se balança, trembla et commença un mouvement lent et agité.

Sleden gynget, skalv og begynte en langsom, urolig bevegelse.

Un pied a glissé et un homme dans la foule a gémi à haute voix.

Den ene foten skled, og en mann i mengden stønnet høyt.

Puis le traîneau s'élança en avant dans un mouvement saccadé et brusque.

Så kastet sleden seg fremover i en rykkende, ru bevegelse.

Cela ne s'est pas arrêté à nouveau - un demi-pouce... un pouce... deux pouces de plus.

Den stoppet ikke igjen – en halv tomme ... en tomme ... to tommer til.

Les secousses devinrent plus faibles à mesure que le traîneau commençait à prendre de la vitesse.

Rykkene ble mindre etter hvert som sleden begynte å få fart.

Bientôt, Buck tirait avec une puissance douce et régulière.

Snart trakk Buck med jevn, myk rullekraft.

Les hommes haletèrent et finirent par se rappeler de respirer à nouveau.

Mennene gispet og husket endelig å puste igjen.

Ils n'avaient pas remarqué que leur souffle s'était arrêté de stupeur.

De hadde ikke lagt merke til at pusten deres hadde stoppet i ærefrykt.

Thornton courait derrière, lançant des ordres courts et joyeux.

Thornton løp bak og ropte korte, muntre kommandoer.

Devant nous se trouvait une pile de bois de chauffage qui marquait la distance.

Foran lå en stabel med ved som markerte avstanden.

Alors que Buck s'approchait du tas, les acclamations devenaient de plus en plus fortes.

Etter hvert som Buck nærmet seg haugen, ble jubelen høyere og høyere.

Les acclamations se sont transformées en rugissement lorsque Buck a dépassé le point d'arrivée.

Jubelropene vokste til et brøl idet Buck passerte endepunktet.

Les hommes ont sauté et crié, même Matthewson a esquissé un sourire.

Menn hoppet og ropte, til og med Matthewson brøt ut i et glis.

Les chapeaux volaient dans les airs, les mitaines étaient lancées sans réfléchir ni viser.

Hatter fløy opp i luften, votter ble kastet uten tanke eller mål.

Les hommes se sont attrapés et se sont serré la main sans savoir à qui.

Mennene grep tak i hverandre og håndhilste uten å vite hvem.

Toute la foule bourdonnait d'une célébration folle et joyeuse.

Hele mengden summet av vill, gledesfylt feiring.

Thornton tomba à genoux à côté de Buck, les mains tremblantes.

Thornton falt ned på kne ved siden av Buck med skjelvende hender.

Il pressa sa tête contre celle de Buck et le secoua doucement d'avant en arrière.

Han presset hodet mot Bucks og ristet ham forsiktig frem og tilbake.

Ceux qui s'approchaient l'entendaient maudire le chien avec un amour silencieux.

De som kom nærmere hørte ham forbanne hunden med stille kjærlighet.

Il a insulté Buck pendant un long moment, doucement, chaleureusement, avec émotion.

Han bannet til Buck lenge – mykt, varmt og følelsesladet.

« Bien, monsieur ! Bien, monsieur ! » s'écria précipitamment le roi du Banc Skookum.

«Bra, herre! Bra, herre!» ropte Skookum Bench-kongen i all hast.

« Je vous donne mille, non, douze cents, pour ce chien, monsieur ! »

«Jeg gir deg tusen – nei, tolv hundre – for den hunden, sir!»

Thornton se leva lentement, les yeux brillants d'émotion.

Thornton reiste seg sakte, øynene hans skinte av følelser.

Les larmes coulaient ouvertement sur ses joues sans aucune honte.

Tårene strømmet åpent nedover kinnene hans uten skam.

« Monsieur », dit-il au roi du banc Skookum, ferme et posé.

«Herre,» sa han til kongen av Skookum-benken, stødig og bestemt.

« Non, monsieur. Allez au diable, monsieur. C'est ma réponse définitive. »

«Nei, sir. De kan dra til helvete, sir. Det er mitt endelige svar.»

Buck attrapa doucement la main de Thornton dans ses mâchoires puissantes.

Buck grep forsiktig Thorntons hånd med de sterke kjevene hans.

Thornton le secoua de manière enjouée, leur lien étant plus profond que jamais.

Thornton ristet ham lekent, båndet deres var like sterkt som alltid.

La foule, émue par l'instant, recula en silence.

Mengden, beveget av øyeblikket, trakk seg tilbake i stillhet.

Dès lors, personne n'osa interrompre cette affection si sacrée.

Fra da av turte ingen å avbryte en slik hellig hengivenhet.

Le son de l'appel
Lyden av kallet

Buck avait gagné seize cents dollars en cinq minutes.
Buck hadde tjent seksten hundre dollar på fem minutter.
Cet argent a permis à John Thornton de payer une partie de ses dettes.
Pengene lot John Thornton betale ned noe av gjelden sin.
Avec le reste de l'argent, il se dirigea vers l'Est avec ses partenaires.
Med resten av pengene dro han østover sammen med partnerne sine.
Ils cherchaient une mine perdue légendaire, aussi vieille que le pays lui-même.
De lette etter en sagnomsuste, tapt gruve, like gammel som landet selv.
Beaucoup d'hommes avaient cherché la mine, mais peu l'avaient trouvée.
Mange menn hadde lett etter gruven, men få hadde noen gang funnet den.
Plus d'un homme avait disparu au cours de cette quête dangereuse.
Mer enn noen få menn hadde forsvunnet under den farlige søken.
Cette mine perdue était enveloppée à la fois de mystère et d'une vieille tragédie.
Denne tapte gruven var pakket inn i både mystikk og gammel tragedie.
Personne ne savait qui avait été le premier homme à découvrir la mine.
Ingen visste hvem den første mannen som fant gruven hadde vært.
Les histoires les plus anciennes ne mentionnent personne par son nom.
De eldste historiene nevner ingen ved navn.
Il y avait toujours eu là une vieille cabane délabrée.
Det hadde alltid stått en gammel, falleferdig hytte der.

Des hommes mourants avaient juré qu'il y avait une mine à côté de cette vieille cabane.

Døende menn hadde sverget på at det var en gruve ved siden av den gamle hytta.

Ils ont prouvé leurs histoires avec de l'or comme on n'en trouve nulle part ailleurs.

De beviste historiene sine med gull som ingen andre steder finner.

Aucune âme vivante n'avait jamais pillé le trésor de cet endroit.

Ingen levende sjel hadde noen gang plyndret skatten fra det stedet.

Les morts étaient morts, et les morts ne racontent pas d'histoires.

De døde var døde, og døde menn forteller ingen historier.

Thornton et ses amis se dirigèrent donc vers l'Est.

Så dro Thornton og vennene hans østover.

Pete et Hans se sont joints à eux, amenant Buck et six chiens forts.

Pete og Hans ble med, og hadde med seg Buck og seks sterke hunder.

Ils se sont lancés sur un chemin inconnu là où d'autres avaient échoué.

De la ut på en ukjent sti der andre hadde mislyktes.

Ils ont parcouru soixante-dix milles en traîneau sur le fleuve Yukon gelé.

De aket sytti mil oppover den frosne Yukon-elven.

Ils tournèrent à gauche et suivirent le sentier jusqu'au Stewart.

De svingte til venstre og fulgte stien inn i Stewart-elven.

Ils passèrent le Mayo et le McQuestion, poursuivant leur route.

De passerte Mayo og McQuestion og fortsatte videre.

Le Stewart s'est rétréci en un ruisseau, traversant des pics déchiquetés.

Stewart-elven krympet inn i en bekk og trådte langs taggete topper.

Ces pics acérés marquaient l'épine dorsale même du continent.

Disse skarpe toppene markerte selve ryggraden på kontinentet.

John Thornton exigeait peu des hommes ou de la nature sauvage.

John Thornton krevde lite av menn eller det ville landskapet.

Il ne craignait rien dans la nature et affrontait la nature sauvage avec aisance.

Han fryktet ingenting i naturen og møtte villmarken med letthet.

Avec seulement du sel et un fusil, il pouvait voyager où il le souhaitait.

Med bare salt og en gevær kunne han reise hvor han ville.

Comme les indigènes, il chassait de la nourriture pendant ses voyages.

I likhet med de innfødte jaktet han mat mens han reiste.

S'il n'attrapait rien, il continuait, confiant en la chance qui l'attendait.

Hvis han ikke fikk noe, fortsatte han, og stolte på flaksen.

Au cours de ce long voyage, la viande était la principale nourriture qu'ils mangeaient.

På denne lange reisen var kjøtt det viktigste de spiste.

Le traîneau contenait des outils et des munitions, mais aucun horaire strict.

Sleden inneholdt verktøy og ammunisjon, men ingen streng tidsplan.

Buck adorait cette errance, la chasse et la pêche sans fin.

Buck elsket denne vandringen; den endeløse jakten og fisket.

Pendant des semaines, ils ont voyagé jour après jour.

I flere uker reiste de dag etter jevn dag.

D'autres fois, ils établissaient des camps et restaient immobiles pendant des semaines.

Andre ganger slo de leir og ble værende i flere uker.

Les chiens se reposaient pendant que les hommes creusaient dans la terre gelée.

Hundene hvilte mens mennene gravde gjennom frossen jord.

Ils chauffaient des poêles sur des feux et cherchaient de l'or caché.

De varmet pannene over bål og lette etter skjult gull.

Certains jours, ils souffraient de faim, et d'autres jours, ils faisaient des festins.

Noen dager sultet de, og andre dager hadde de fester.

Leurs repas dépendaient du gibier et de la chance de la chasse.

Måltidene deres var avhengig av viltet og jaktflaksen.

Quand l'été arrivait, les hommes et les chiens chargeaient des charges sur leur dos.

Da sommeren kom, pakket menn og hunder last på ryggen.

Ils ont fait du rafting sur des lacs bleus cachés dans des forêts de montagne.

De raftet over blå innsjøer gjemt i fjellskoger.

Ils naviguaient sur des bateaux minces sur des rivières qu'aucun homme n'avait jamais cartographiées.

De seilte slanke båter på elver ingen mann noen gang hadde kartlagt.

Ces bateaux ont été construits à partir d'arbres sciés dans la nature.

Disse båtene ble bygget av trær de saget i naturen.

Les mois passèrent et ils sillonnèrent des terres sauvages et inconnues.

Månedene gikk, og de snodde seg gjennom de ville, ukjente landene.

Il n'y avait pas d'hommes là-bas, mais de vieilles traces suggéraient qu'il y en avait eu.

Det var ingen menn der, men gamle spor antydet at det hadde vært menn der.

Si la Cabane Perdue était réelle, alors d'autres étaient déjà passés par là.

Hvis Den tapte hytta var ekte, hadde andre en gang kommet denne veien.

Ils traversaient des cols élevés dans des blizzards, même pendant l'été.

De krysset høye pass i snøstormer, selv om sommeren.

Ils frissonnaient sous le soleil de minuit sur les pentes nues des montagnes.

De skalv under midnattssolen på nakne fjellsider.

Entre la limite des arbres et les champs de neige, ils montaient lentement.

Mellom tregrensen og snøfeltene klatret de sakte.

Dans les vallées chaudes, ils écrasaient des nuages de moucherons et de mouches.

I varme daler slo de mot skyer av knott og fluer.

Ils cueillaient des baies sucrées près des glaciers en pleine floraison estivale.

De plukket søte bær nær isbreer i full sommerblomst.

Les fleurs qu'ils ont trouvées étaient aussi belles que celles du Southland.

Blomstene de fant var like vakre som de i Sørlandet.

Cet automne-là, ils atteignirent une région solitaire remplie de lacs silencieux.

Den høsten nådde de et ensomt område fylt med stille innsjøer.

La terre était triste et vide, autrefois pleine d'oiseaux et de bêtes.

Landet var trist og tomt, en gang levd av fugler og dyr.

Il n'y avait plus de vie, seulement le vent et la glace qui se formait dans les flaques.

Nå var det ikke noe liv, bare vinden og isen som dannet seg i dammer.

Les vagues s'écrasaient sur les rivages déserts avec un son doux et lugubre.

Bølger slo mot tomme strender med en myk, sørgmodig lyd.

Un autre hiver arriva et ils suivirent à nouveau de vieux sentiers lointains.

Nok en vinter kom, og de fulgte svake, gamle stier igjen.

C'étaient les traces d'hommes qui les avaient cherchés bien avant eux.

Dette var sporene til menn som hadde lett lenge før dem.

Un jour, ils trouvèrent un chemin creusé profondément dans la forêt sombre.

En gang fant de en sti dypt inn i den mørke skogen.

C'était un vieux sentier, et ils sentaient que la cabane perdue était proche.

Det var en gammel sti, og de følte at den tapte hytta var nær.

Mais le sentier ne menait nulle part et s'enfonçait dans les bois épais.

Men stien førte ingen steder og forsvant inn i den tette skogen.

Personne ne savait qui avait fait ce sentier et pourquoi.

Hvem som helst som lagde stien, og hvorfor de lagde den, visste ingen.

Plus tard, ils ont trouvé l'épave d'un lodge caché parmi les arbres.

Senere fant de vraket av en hytte gjemt blant trærne.

Des couvertures pourries gisaient éparpillées là où quelqu'un avait dormi.

Råtnende tepper lå strødd der noen en gang hadde sovet.

John Thornton a trouvé un fusil à silex à long canon enterré à l'intérieur.

John Thornton fant en flintlås med lang løp begravd inni.

Il savait qu'il s'agissait d'un fusil de la Baie d'Hudson depuis les premiers jours de son commerce.

Han visste at dette var en Hudson Bay-kanon fra tidlige handelsdager.

À cette époque, ces armes étaient échangées contre des piles de peaux de castor.

På den tiden ble slike kanoner byttet mot stabler med beverskinn.

C'était tout : il ne restait aucune trace de l'homme qui avait construit le lodge.

Det var alt – ingen spor gjensto etter mannen som bygde hytta.

Le printemps est revenu et ils n'ont trouvé aucun signe de la Cabane Perdue.

Våren kom igjen, og de fant ingen tegn til den tapte hytta.

Au lieu de cela, ils trouvèrent une large vallée avec un ruisseau peu profond.

I stedet fant de en bred dal med en grunn bekk.

L'or recouvrait le fond des casseroles comme du beurre jaune et lisse.

Gull lå over bunnen av pannen som glatt, gult smør.

Ils s'arrêtèrent là et ne cherchèrent plus la cabane.

De stoppet der og lette ikke lenger etter hytta.

Chaque jour, ils travaillaient et trouvaient des milliers de pièces d'or en poudre.

Hver dag arbeidet de og fant tusenvis i gullstøv.

Ils ont emballé l'or dans des sacs de peau d'élan, de cinquante livres chacun.

De pakket gullet i sekker med elgskinn, femti pund hver.

Les sacs étaient empilés comme du bois de chauffage à l'extérieur de leur petite loge.

Sekkene var stablet som ved utenfor den lille hytta deres.

Ils travaillaient comme des géants et les jours passaient comme des rêves rapides.

De jobbet som kjemper, og dagene gikk som raske drømmer.

Ils ont amassé des trésors au fil des jours sans fin.

De samlet skatter mens de endeløse dagene rullet raskt forbi.

Les chiens n'avaient pas grand-chose à faire, à part transporter de la viande de temps en temps.

Det var lite hundene kunne gjøre bortsett fra å dra på kjøtt nå og da.

Thornton chassait et tuait le gibier, et Buck restait allongé près du feu.

Thornton jaktet og drepte viltet, og Buck lå ved bålet.

Il a passé de longues heures en silence, perdu dans ses pensées et ses souvenirs.

Han tilbrakte lange timer i stillhet, fortapt i tanker og minner.

L'image de l'homme poilu revenait de plus en plus souvent à l'esprit de Buck.

Bildet av den hårete mannen dukket oftere opp i Bucks sinn.

Maintenant que le travail se faisait rare, Buck rêvait en clignant des yeux devant le feu.

Nå som det var lite arbeid, drømte Buck mens han blunket mot bålet.

Dans ces rêves, Buck errait avec l'homme dans un autre monde.

I disse drømmene vandret Buck med mannen i en annen verden.

La peur semblait être le sentiment le plus fort dans ce monde lointain.

Frykt virket som den sterkeste følelsen i den fjerne verden.

Buck vit l'homme poilu dormir avec la tête baissée.

Buck så den hårete mannen sove med bøyd hode.

Ses mains étaient jointes et son sommeil était agité et interrompu.

Hendene hans var foldet, og søvnen hans var urolig og avbrutt.

Il se réveillait en sursaut et regardait avec crainte dans le noir.

Han pleide å våkne med et rykk og stirre fryktsomt inn i mørket.

Ensuite, il jetait plus de bois sur le feu pour garder la flamme vive.

Så kastet han mer ved på bålet for å holde flammen sterk.

Parfois, ils marchaient le long d'une plage au bord d'une mer grise et infinie.

Noen ganger gikk de langs en strand ved et grått, endeløst hav.

L'homme poilu ramassait des coquillages et les mangeait en marchant.

Den hårete mannen plukket skalldyr og spiste dem mens han gikk.

Ses yeux cherchaient toujours des dangers cachés dans l'ombre.

Øynene hans lette alltid etter skjulte farer i skyggene.

Ses jambes étaient toujours prêtes à sprinter au premier signe de menace.

Beina hans var alltid klare til å spurte ved første tegn på trussel.

Ils rampaient à travers la forêt, silencieux et méfiants, côte à côte.

De krøp gjennom skogen, stille og forsiktige, side om side.

Buck le suivit sur ses talons, et tous deux restèrent vigilants.

Buck fulgte etter ham, og begge forble årvåkne.

Leurs oreilles frémissaient et bougeaient, leurs nez reniflaient l'air.

Ørene deres dirret og beveget seg, nesene deres snuste i luften.

L'homme pouvait entendre et sentir la forêt aussi intensément que Buck.

Mannen kunne høre og lukte skogen like skarpt som Buck.

L'homme poilu se balançait à travers les arbres avec une vitesse soudaine.

Den hårete mannen svingte seg gjennom trærne med plutselig fart.

Il sautait de branche en branche, sans jamais lâcher prise.

Han hoppet fra gren til gren uten å miste grepet.

Il se déplaçait aussi vite au-dessus du sol que sur celui-ci.

Han beveget seg like raskt over bakken som han gjorde på den.

Buck se souvenait des longues nuits passées sous les arbres, à veiller.

Buck husket lange netter under trærne, hvor han holdt vakt.

L'homme dormait perché dans les branches, s'accrochant fermement.

Mannen sov og hvilte i grenene og klamret seg tett til.

Cette vision de l'homme poilu était étroitement liée à l'appel des profondeurs.

Denne visjonen av den hårete mannen var nært knyttet til det dype kallet.

L'appel résonnait toujours à travers la forêt avec une force obsédante.

Ropet lød fortsatt gjennom skogen med hjemsøkende kraft.

L'appel remplit Buck de désir et d'un sentiment de joie incessant.

Samtalen fylte Buck med lengsel og en rastløs følelse av glede.

Il ressentait d'étranges pulsions et des frémissements qu'il ne pouvait nommer.

Han følte merkelige lyster og følelser som han ikke kunne navngi.

Parfois, il suivait l'appel au plus profond des bois tranquilles.

Noen ganger fulgte han kallet dypt inn i den stille skogen.

Il cherchait l'appel, aboyant doucement ou fort au fur et à mesure.

Han lette etter kallet, bjeffende lavt eller skarpt mens han gikk.

Il renifla la mousse et la terre noire où poussaient les herbes.

Han snuste på mosen og den svarte jorden der gresset vokste.

Il renifla de plaisir aux riches odeurs de la terre profonde.

Han fnøs av fryd over de rike luktene fra den dype jorden.

Il s'est accroupi pendant des heures derrière des troncs couverts de champignons.

Han krøp sammen i timevis bak stammer dekket av sopp.

Il resta immobile, écoutant les yeux écarquillés chaque petit bruit.

Han ble stående stille og lyttet med store øyne til hver minste lyd.

Il espérait peut-être surprendre la chose qui avait lancé l'appel.

Han håpet kanskje å overraske den som ringte.

Il ne savait pas pourquoi il agissait de cette façon, il le faisait simplement.

Han visste ikke hvorfor han oppførte seg slik – han bare gjorde det.

Les pulsions venaient du plus profond de moi, au-delà de la pensée ou de la raison.

Trangene kom dypt innenfra, hinsides tanke eller fornuft.

Des envies irrésistibles s'emparèrent de Buck sans avertissement ni raison.

Uimotståelige lyster grep tak i Buck uten forvarsel eller grunn.

Parfois, il somnolait paresseusement dans le camp sous la chaleur de midi.

Til tider døset han dovent i leiren i middagsvarmen.

Soudain, sa tête se releva et ses oreilles se dressèrent en alerte.

Plutselig løftet han hodet og ørene hans skyter våkent i været.

Puis il se leva d'un bond et se précipita dans la nature sans s'arrêter.

Så sprang han opp og løp ut i villmarken uten å nøle.

Il a couru pendant des heures à travers les sentiers forestiers et les espaces ouverts.

Han løp i timevis gjennom skogsstier og åpne områder.

Il aimait suivre les lits des ruisseaux asséchés et espionner les oiseaux dans les arbres.

Han elsket å følge tørre bekkeleier og spionere på fugler i trærne.

Il pouvait rester caché toute la journée, à regarder les perdrix se pavaner.

Han kunne ligge gjemt hele dagen og se på rapphøns som spankulerte rundt.

Ils tambourinaient et marchaient, inconscients de la présence de Buck.

De trommet og marsjerte, uvitende om Bucks fortsatt tilstedeværelse.

Mais ce qu'il aimait le plus, c'était courir au crépuscule en été.

Men det han elsket mest var å løpe i skumringen om sommeren.

La faible lumière et les bruits endormis de la forêt le remplissaient de joie.

Det svake lyset og de søvnige skogslydene fylte ham med glede.

Il lisait les panneaux forestiers aussi clairement qu'un homme lit un livre.

Han leste skogsskiltene like tydelig som en mann leser en bok.

Et il cherchait toujours la chose étrange qui l'appelait.

Og han lette alltid etter den merkelige tingen som kalte på ham.

Cet appel ne s'est jamais arrêté : il l'atteignait qu'il soit éveillé ou endormi.

Det kallet stoppet aldri – det nådde ham enten han var våken eller sovende.

Une nuit, il se réveilla en sursaut, les yeux perçants et les oreilles hautes.
En natt våknet han med et rykk, med skarpe øyne og høye ører.

Ses narines se contractaient tandis que sa crinière se dressait en vagues.
Neseborene hans dirret mens manen hans sto og bølget seg.

Du plus profond de la forêt, le son résonna à nouveau, le vieil appel.
Fra dypet av skogen kom lyden igjen, det gamle kallet.

Cette fois, le son résonnait clairement, un hurlement long, obsédant et familier.
Denne gangen ringte lyden tydelig, et langt, hjemsøkende, kjent hyl.

C'était comme le cri d'un husky, mais d'un ton étrange et sauvage.
Det var som en huskys skrik, men merkelig og vill i tonen.

Buck reconnut immédiatement le son – il avait entendu exactement le même son depuis longtemps.
Buck kjente igjen lyden med en gang – han hadde hørt den nøyaktige lyden for lenge siden.

Il sauta à travers le camp et disparut rapidement dans les bois.
Han hoppet gjennom leiren og forsvant raskt inn i skogen.

Alors qu'il s'approchait du bruit, il ralentit et se déplaça avec précaution.
Da han nærmet seg lyden, sakket han farten og beveget seg forsiktig.

Bientôt, il atteignit une clairière entre d'épais pins.
Snart nådde han en lysning mellom tette furutrær.

Là, debout sur ses pattes arrière, était assis un loup des bois grand et maigre.
Der, oppreist på bakbenene, satt en høy, mager skogulv.

Le nez du loup pointait vers le ciel, résonnant toujours de l'appel.

Ulvens nese pekte mot himmelen, fortsatt med et ekko av ropet.

Buck n'avait émis aucun son, mais le loup s'arrêta et écouta.

Buck hadde ikke laget noen lyd, men ulven stoppet og lyttet.

Sentant quelque chose, le loup se tendit, scrutant l'obscurité.

Ulven fornemmet noe, spente seg og lette i mørket.

Buck apparut en rampant, le corps bas, les pieds immobiles sur le sol.

Buck snek seg til syne, med lav kropp og føttene rolige på bakken.

Sa queue était droite, son corps enroulé sous la tension.

Halen hans var rett, kroppen hans kveilet stramt av spenning.

Il a montré à la fois une menace et une sorte d'amitié brutale.

Han viste både trussel og et slags røft vennskap.

C'était le salut prudent partagé par les bêtes sauvages.

Det var den forsiktige hilsenen som de ville dyrene delte.

Mais le loup se retourna et s'enfuit dès qu'il vit Buck.

Men ulven snudde seg og flyktet så snart den så Buck.

Buck se lança à sa poursuite, sautant sauvagement, désireux de le rattraper.

Buck satte etter den, hoppet vilt, ivrig etter å forbikjøre den.

Il suivit le loup dans un ruisseau asséché bloqué par un embâcle.

Han fulgte etter ulven inn i en tørr bekk som var blokkert av en tømmerstokk.

Acculé, le loup se retourna et tint bon.

Ulven snurret seg rundt og sto på sitt.

Le loup grognait et claquait comme un chien husky pris au piège dans un combat.

Ulven glefset og glefset som en fanget huskyhund i en slåsskamp.

Les dents du loup claquaient rapidement, son corps se hérissant d'une fureur sauvage.

Ulvens tenner klikket raskt, kroppen dens strittet av vill raseri.

Buck n'attaqua pas mais encercla le loup avec une gentillesse prudente.

Buck angrep ikke, men gikk rundt ulven med forsiktig vennlighet.

Il a essayé de bloquer sa fuite par des mouvements lents et inoffensifs.

Han prøvde å blokkere flukten med langsomme, ufarlige bevegelser.

Le loup était méfiant et effrayé : Buck le dépassait trois fois.

Ulven var skeptisk og redd – Buck var tre ganger sterkere enn ham.

La tête du loup atteignait à peine l'épaule massive de Buck.

Ulvehodet nådde så vidt opp til Bucks massive skulder.

À l'affût d'une brèche, le loup s'est enfui et la poursuite a repris.

Ulven speidet etter et gap, løp av gårde og jakten begynte igjen.

Plusieurs fois, Buck l'a coincé et la danse s'est répétée.

Flere ganger presset Buck ham inn i et hjørne, og dansen gjentok seg.

Le loup était maigre et faible, sinon Buck n'aurait pas pu l'attraper.

Ulven var tynn og svak, ellers kunne ikke Buck ha fanget ham.

Chaque fois que Buck s'approchait, le loup se retournait et lui faisait face avec peur.

Hver gang Buck kom nærmere, snurret ulven seg og møtte ham i frykt.

Puis, à la première occasion, il s'est précipité dans les bois une fois de plus.

Så ved første sjanse, løp han av gårde inn i skogen igjen.

Mais Buck n'a pas abandonné et finalement le loup a fini par lui faire confiance.

Men Buck ga ikke opp, og til slutt begynte ulven å stole på ham.

Il renifla le nez de Buck, et les deux devinrent joueurs et alertes.

Han snuste Buck på nesen, og de to ble lekne og årvåkne.

Ils jouaient comme des animaux sauvages, féroces mais timides dans leur joie.

De lekte som ville dyr, hissige, men likevel sjenerte i sin glede.

Au bout d'un moment, le loup s'éloigna au trot avec un calme déterminé.

Etter en stund travet ulven av gårde med rolig hensikt.

Il a clairement montré à Buck qu'il voulait être suivi.

Han viste tydelig Buck at han ville bli fulgt etter.

Ils couraient côte à côte dans l'obscurité du crépuscule.

De løp side om side gjennom skumringsmørket.

Ils suivirent le lit du ruisseau jusqu'à la gorge rocheuse.

De fulgte bekkeleier opp i den steinete juvet.

Ils traversèrent une ligne de partage des eaux froide où le ruisseau avait pris sa source.

De krysset et kaldt skille der strømmen hadde startet.

Sur la pente la plus éloignée, ils trouvèrent une vaste forêt et de nombreux ruisseaux.

På den fjerne skråningen fant de vid skog og mange bekker.

À travers ce vaste territoire, ils ont couru pendant des heures sans s'arrêter.

Gjennom dette enorme landet løp de i timevis uten å stoppe.

Le soleil se leva plus haut, l'air devint chaud, mais ils continuèrent à courir.

Solen steg høyere, luften ble varm, men de løp videre.

Buck était rempli de joie : il savait qu'il répondait à son appel.

Buck var fylt av glede – han visste at han svarte på kallet sitt.

Il courut à côté de son frère de la forêt, plus près de la source de l'appel.

Han løp ved siden av skogbroren sin, nærmere kilden til kallet.

De vieux sentiments sont revenus, puissants et difficiles à ignorer.

Gamle følelser kom tilbake, sterke og vanskelige å ignorere.

C'étaient les vérités derrière les souvenirs de ses rêves.

Dette var sannhetene bak minnene fra drømmene hans.

Il avait déjà fait tout cela auparavant, dans un monde lointain et obscur.

Han hadde gjort alt dette før i en fjern og skyggefull verden.

Il recommença alors, courant librement avec le ciel ouvert au-dessus.

Nå gjorde han dette igjen, og løp amok med den åpne himmelen over seg.

Ils s'arrêtèrent près d'un ruisseau pour boire l'eau froide qui coulait.

De stoppet ved en bekk for å drikke av det kalde, rennende vannet.

Alors qu'il buvait, Buck se souvint soudain de John Thornton.

Mens han drakk, husket Buck plutselig John Thornton.

Il s'assit en silence, déchiré par l'attrait de la loyauté et de l'appel.

Han satte seg ned i stillhet, revet av lojalitetens og kallets tiltrekning.

Le loup continua à trotter, mais revint pour pousser Buck à avancer.

Ulven travet videre, men kom tilbake for å presse Buck fremover.

Il renifla son nez et essaya de le cajoler avec des gestes doux.

Han snufset på nesen og prøvde å lokke ham med myke gester.

Mais Buck se retourna et reprit le chemin par lequel il était venu.

Men Buck snudde seg og begynte å gå tilbake samme vei som han kom.

Le loup courut à côté de lui pendant un long moment, gémissant doucement.

Ulven løp ved siden av ham lenge og klynket stille.

Puis il s'assit, leva le nez et poussa un long hurlement.

Så satte han seg ned, hevet nesen og slapp ut et langt hyl.

C'était un cri lugubre, qui s'adoucit à mesure que Buck s'éloignait.

Det var et sørgmodig skrik, som myknet idet Buck gikk sin vei.

Buck écouta le son du cri s'estomper lentement dans le silence de la forêt.

Buck lyttet mens lyden av gråten sakte forsvant inn i skogens stillhet.

John Thornton était en train de dîner lorsque Buck a fait irruption dans le camp.

John Thornton spiste middag da Buck stormet inn i leiren.

Buck sauta sauvagement sur lui, le léchant, le mordant et le faisant culbuter.

Buck hoppet vilt over ham, slikket, bet og veltet ham.

Il l'a renversé, s'est hissé dessus et l'a embrassé sur le visage.

Han veltet ham, klatret oppå og kysset ham i ansiktet.

Thornton appelait cela avec affection « jouer le fou du commun ».

Thornton kalte dette å «spille den generelle narren» med hengivenhet.

Pendant tout ce temps, il maudissait doucement Buck et le secouait d'avant en arrière.

Hele tiden bannet han forsiktig over Buck og ristet ham frem og tilbake.

Pendant deux jours et deux nuits entières, Buck n'a pas quitté le camp une seule fois.

I to hele dager og netter forlot Buck ikke leiren én eneste gang.

Il est resté proche de Thornton et ne l'a jamais quitté des yeux.

Han holdt seg tett inntil Thornton og lot ham aldri gå ut av syne.

Il le suivait pendant qu'il travaillait et le regardait pendant qu'il mangeait.

Han fulgte ham mens han arbeidet og så på ham mens han spiste.

Il voyait Thornton dans ses couvertures la nuit et dehors chaque matin.

Han så Thornton ligge i teppene sine om natten og ute hver morgen.

Mais bientôt l'appel de la forêt revint, plus fort que jamais.
Men snart kom skogsropet tilbake, høyere enn noen gang før.
Buck devint à nouveau agité, agité par les pensées du loup sauvage.
Buck ble urolig igjen, opprørt av tanker om den ville ulven.
Il se souvenait de la terre ouverte et de la course côte à côte.
Han husket det åpne landskapet og det å løpe side om side.
Il commença à errer à nouveau dans la forêt, seul et alerte.
Han begynte å vandre inn i skogen igjen, alene og årvåken.
Mais le frère sauvage ne revint pas et le hurlement ne fut pas entendu.
Men den ville broren kom ikke tilbake, og ulet ble ikke hørt.
Buck a commencé à dormir dehors, restant absent pendant des jours.
Buck begynte å sove ute, og holdt seg borte i flere dager av gangen.
Une fois, il traversa la haute ligne de partage des eaux où le ruisseau commençait.
En gang krysset han det høye skiltet der bekken hadde startet.
Il entra dans le pays des bois sombres et des larges ruisseaux.
Han kom inn i landet med mørkt tømmer og vide, rennende bekker.
Pendant une semaine, il a erré, à la recherche de signes de son frère sauvage.
I en uke vandret han rundt og lette etter tegn etter den ville broren.
Il tuait sa propre viande et voyageait à grands pas, sans relâche.
Han drepte sitt eget kjøtt og reiste med lange, utrettelige skritt.
Il pêchait le saumon dans une large rivière qui se jetait dans la mer.
Han fisket laks i en bred elv som nådde ut til havet.
Là, il combattit et tua un ours noir rendu fou par les insectes.
Der kjempet han mot og drepte en svartbjørn som var gal av insekter.

L'ours était en train de pêcher et courait aveuglément à travers les arbres.

Bjørnen hadde fisket og løp i blinde gjennom trærne.

La bataille fut féroce, réveillant le profond esprit combatif de Buck.

Kampen var hard, og vekket Bucks dype kampånd.

Deux jours plus tard, Buck est revenu et a trouvé des carcajous près de sa proie.

To dager senere kom Buck tilbake for å finne jerv ved byttet sitt.

Une douzaine d'entre eux se disputaient la viande avec une fureur bruyante.

Et dusin av dem kranglet om kjøttet i høylytt raseri.

Buck chargea et les dispersa comme des feuilles dans le vent.

Buck stormet frem og spredte dem som blader i vinden.

Deux loups restèrent derrière, silencieux, sans vie et immobiles pour toujours.

To ulver ble igjen – stille, livløse og ubevegelige for alltid.

La soif de sang était plus forte que jamais.

Blodtørsten ble sterkere enn noensinne.

Buck était un chasseur, un tueur, se nourrissant de créatures vivantes.

Buck var en jeger, en morder, som spiste levende vesener.

Il a survécu seul, en s'appuyant sur sa force et ses sens aiguisés.

Han overlevde alene, avhengig av sin styrke og skarpe sanser.

Il prospérait dans la nature, où seuls les plus résistants pouvaient vivre.

Han trivdes i naturen, der bare de tøffeste kunne leve.

De là, une grande fierté s'éleva et remplit tout l'être de Buck.

Fra dette steg en stor stolthet opp og fylte hele Bucks vesen.

Sa fierté se reflétait dans chacun de ses pas, dans le mouvement de chacun de ses muscles.

Stoltheten hans viste seg i hvert eneste skritt, i krusningen i hver muskel.

Sa fierté était aussi claire qu'un discours, visible dans la façon dont il se comportait.

Stoltheten hans var like tydelig som tale, noe som viste seg i hvordan han oppførte seg.

Même son épais pelage semblait plus majestueux et brillait davantage.

Selv den tykke pelsen hans så mer majestetisk ut og glitret klarere.

Buck aurait pu être confondu avec un loup géant.

Buck kunne ha blitt forvekslet med en gigantisk tømmerulv.

À l'exception du brun sur son museau et des taches au-dessus de ses yeux.

Bortsett fra brunt på snuten og flekker over øynene.

Et la traînée de fourrure blanche qui courait au milieu de sa poitrine.

Og den hvite pelsstripen som rant nedover midten av brystet hans.

Il était encore plus grand que le plus grand loup de cette race féroce.

Han var enda større enn den største ulven av den ville rasen.

Son père, un Saint-Bernard, lui a donné de la taille et une ossature lourde.

Faren hans, en sanktbernhardshund, ga ham størrelse og tung kropp.

Sa mère, une bergère, a façonné cette masse en forme de loup.

Moren hans, en gjeter, formet den massen til en ulvelignende form.

Il avait le long museau d'un loup, bien que plus lourd et plus large.

Han hadde den lange snuten til en ulv, men tyngre og bredere.

Sa tête était celle d'un loup, mais construite à une échelle massive et majestueuse.

Hodet hans var et ulves, men bygget i en massiv, majestetisk skala.

La ruse de Buck était la ruse du loup et de la nature.

Bucks list var ulvens og villmarkens list.

Son intelligence lui vient à la fois du berger allemand et du Saint-Bernard.

Hans intelligens kom fra både den tyske gjeterhunden og sanktbernhardshunden.

Tout cela, ajouté à une expérience difficile, faisait de lui une créature redoutable.

Alt dette, pluss harde erfaringer, gjorde ham til en fryktinngytende skapning.

Il était aussi redoutable que n'importe quelle bête qui parcourait les régions sauvages du nord.

Han var like formidabel som ethvert dyr som streifet rundt i den nordlige villmarken.

Ne se nourrissant que de viande, Buck a atteint le sommet de sa force.

Buck levde kun på kjøtt og nådde sitt fulle styrketopp.

Il débordait de puissance et de force masculine dans chaque fibre de son être.

Han fløt over av kraft og maskulin styrke i hver fiber av seg.

Lorsque Thornton lui caressait le dos, ses poils brillaient d'énergie.

Da Thornton strøk seg over ryggen, glitret hårene av energi.

Chaque cheveu crépitait, chargé du contact du magnétisme vivant.

Hvert hårstrå knitret, ladet med en berøring av levende magnetisme.

Son corps et son cerveau étaient réglés sur le ton le plus fin possible.

Kroppen og hjernen hans var innstilt på den fineste mulige tonehøyden.

Chaque nerf, chaque fibre et chaque muscle fonctionnaient en parfaite harmonie.

Hver nerve, fiber og muskel fungerte i perfekt harmoni.

À tout son ou toute vue nécessitant une action, il répondait instantanément.

På enhver lyd eller syn som krevde handling, reagerte han umiddelbart.

Si un husky sautait pour attaquer, Buck pouvait sauter deux fois plus vite.

Hvis en husky hoppet for å angripe, kunne Buck hoppe dobbelt så fort.

Il a réagi plus vite que les autres ne pouvaient le voir ou l'entendre.

Han reagerte raskere enn andre kunne se eller høre.

La perception, la décision et l'action se sont produites en un seul instant fluide.

Persepsjon, beslutning og handling kom alt i ett flytende øyeblikk.

En vérité, ces actes étaient distincts, mais trop rapides pour être remarqués.

I sannhet var disse handlingene separate, men for raske til å bli lagt merke til.

Les intervalles entre ces actes étaient si brefs qu'ils semblaient n'en faire qu'un.

Så korte var mellomrommene mellom disse handlingene at de virket som én.

Ses muscles et son être étaient comme des ressorts étroitement enroulés.

Musklene og vesenet hans var som tett opprullede fjærer.

Son corps débordait de vie, sauvage et joyeux dans sa puissance.

Kroppen hans blusset av liv, vill og gledesfylt i sin kraft.

Parfois, il avait l'impression que la force allait jaillir de lui entièrement.

Til tider følte han at kraften skulle bryte ut av ham fullstendig.

« Il n'y a jamais eu un tel chien », a déclaré Thornton un jour tranquille.

«Det har aldri vært en slik hund», sa Thornton en stille dag.

Les partenaires regardaient Buck sortir fièrement du camp.

Partnerne så Buck komme stolt skrittende ut av leiren.

« Lorsqu'il a été créé, il a changé ce que pouvait être un chien », a déclaré Pete.

«Da han ble skapt, forandret han hva en hund kan være», sa Pete.

« Par Jésus ! Je le pense moi-même », acquiesça rapidement Hans.

«Ved Jesus! Det tror jeg selv», sa Hans raskt enig.

Ils l'ont vu s'éloigner, mais pas le changement qui s'est produit après.

De så ham marsjere av gårde, men ikke forandringen som kom etterpå.

Dès qu'il est entré dans les bois, Buck s'est complètement transformé.

Så snart han kom inn i skogen, forvandlet Buck seg fullstendig.

Il ne marchait plus, mais se déplaçait comme un fantôme sauvage parmi les arbres.

Han marsjerte ikke lenger, men beveget seg som et vilt spøkelse blant trærne.

Il devint silencieux, les pieds comme un chat, une lueur traversant les ombres.

Han ble stille, kattefot, et flimrende gled gjennom skyggene.

Il utilisait la couverture avec habileté, rampant sur le ventre comme un serpent.

Han dekket seg med dyktighet, og krøp på magen som en slange.

Et comme un serpent, il pouvait bondir en avant et frapper en silence.

Og som en slange kunne han hoppe frem og slå til i stillhet.

Il pourrait voler un lagopède directement dans son nid caché.

Han kunne stjele en rype rett fra dens skjulte reir.

Il a tué des lapins endormis sans un seul bruit.

Han drepte sovende kaniner uten en eneste lyd.

Il pouvait attraper des tamias en plein vol alors qu'ils fuyaient trop lentement.

Han kunne fange jordegern midt i luften siden de flyktet for sakte.

Même les poissons dans les bassins ne pouvaient échapper à ses attaques soudaines.

Selv fisk i dammer kunne ikke unnslippe hans plutselige angrep.

Même les castors astucieux qui réparaient les barrages n'étaient pas à l'abri de lui.

Ikke engang smarte bevere som reparerte demninger var trygge for ham.

Il tuait pour se nourrir, pas pour le plaisir, mais il préférait tuer ses propres victimes.

Han drepte for mat, ikke for moro skyld – men likte sine egne drap best.

Pourtant, un humour sournois traversait certaines de ses chasses silencieuses.

Likevel gikk en slu humor gjennom noen av hans stille jakter.

Il s'est approché des écureuils, mais les a laissés s'échapper.

Han krøp tett inntil ekorn, bare for å la dem unnslippe.

Ils allaient fuir vers les arbres, bavardant dans une rage effrayée.

De skulle flykte til trærne, mens de skravlet i fryktsom forargelse.

À l'arrivée de l'automne, les orignaux ont commencé à apparaître en plus grand nombre.

Etter hvert som høsten kom, begynte elg å dukke opp i større antall.

Ils se sont déplacés lentement vers les basses vallées pour affronter l'hiver.

De beveget seg sakte inn i de lave dalene for å møte vinteren.

Buck avait déjà abattu un jeune veau errant.

Buck hadde allerede felt én ung, bortkommen kalv.

Mais il aspirait à affronter des proies plus grandes et plus dangereuses.

Men han lengtet etter å møte større, farligere bytte.

Un jour, à la ligne de partage des eaux, à la tête du ruisseau, il trouva sa chance.

En dag på skiljet, ved bekkens utspring, fant han sin sjanse.

Un troupeau de vingt orignaux avait traversé des terres boisées.

En flokk på tjue elger hadde krysset over fra skogkledde områder.

Parmi eux se trouvait un puissant taureau, le chef du groupe.

Blant dem var en mektig okse; lederen av gruppen.

Le taureau mesurait plus de six pieds de haut et avait l'air féroce et sauvage.

Oksen var over to meter høy og så voldsom og vill ut.

Il lança ses larges bois, quatorze pointes se ramifiant vers l'extérieur.

Han kastet sine brede gevir, fjorten spisser forgrenet seg utover.

Les extrémités de ces bois s'étendaient sur sept pieds de large.

Tuppene på geviret strakte seg syv fot på bredden.

Ses petits yeux brûlaient de rage lorsqu'il aperçut Buck à proximité.

De små øynene hans brant av raseri da han fikk øye på Buck i nærheten.

Il poussa un rugissement furieux, tremblant de fureur et de douleur.

Han slapp ut et rasende brøl, skalv av raseri og smerte.

Une pointe de flèche sortait près de son flanc, empennée et pointue.

En pilspiss stakk ut nær flanken hans, fjærkledd og skarp.

Cette blessure a contribué à expliquer son humeur sauvage et amère.

Dette såret bidro til å forklare hans ville, bitre humør.

Buck, guidé par un ancien instinct de chasseur, a fait son mouvement.

Buck, styrt av eldgammelt jaktinstinkt, gjorde sitt trekk.

Son objectif était de séparer le taureau du reste du troupeau.

Han hadde som mål å skille oksen fra resten av flokken.

Ce n'était pas une tâche facile : il fallait de la rapidité et une ruse féroce.

Dette var ingen enkel oppgave – det krevde fart og voldsom list.

Il aboyait et dansait près du taureau, juste hors de portée.

Han bjeffet og danset nær oksen, like utenfor rekkevidde.

L'élan s'est précipité avec d'énormes sabots et des bois mortels.

Elgen forsvant med enorme hover og dødelige gevir.

Un seul coup aurait pu mettre fin à la vie de Buck en un clin d'œil.

Ett slag kunne ha avsluttet Bucks liv på et blunk.

Incapable de laisser la menace derrière lui, le taureau devint fou.

Oksen klarte ikke å legge trusselen bak seg og ble rasende.

Il chargea avec fureur, mais Buck s'échappa toujours.

Han angrep i raseri, men Buck snek seg alltid unna.

Buck simula une faiblesse, l'attirant plus loin du troupeau.

Buck lot som om han var svak, og lokket ham lenger bort fra flokken.

Mais les jeunes taureaux allaient charger pour protéger le leader.

Men unge okser skulle storme tilbake for å beskytte lederen.

Ils ont forcé Buck à battre en retraite et le taureau à rejoindre le groupe.

De tvang Buck til å trekke seg tilbake og oksen til å slutte seg til gruppen igjen.

Il y a une patience dans la nature, profonde et imparable.

Det finnes en tålmodighet i villmarken, dyp og ustoppelig.

Une araignée attend immobile dans sa toile pendant d'innombrables heures.

En edderkopp venter ubevegelig i nettet sitt i utallige timer.

Un serpent s'enroule sans tressaillement et attend que son heure soit venue.

En slange kveiler seg uten å rykke, og venter til det er tid.

Une panthère se tient en embuscade, jusqu'à ce que le moment arrive.

En panter ligger i bakhold, helt til øyeblikket kommer.

C'est la patience des prédateurs qui chassent pour survivre.

Dette er tålmodigheten til rovdyr som jakter for å overleve.

Cette même patience brûlait à l'intérieur de Buck alors qu'il restait proche.

Den samme tålmodigheten brant i Buck mens han holdt seg nær.

Il resta près du troupeau, ralentissant sa marche et suscitant la peur.

Han holdt seg i nærheten av flokken, bremset marsjen og skapte frykt.

Il taquinait les jeunes taureaux et harcelait les vaches mères.

Han ertet de unge oksene og trakasserte kyrne.

Il a plongé le taureau blessé dans une rage encore plus profonde et impuissante.

Han drev den sårede oksen inn i et dypere, hjelpeløst raseri.

Pendant une demi-journée, le combat s'est prolongé sans aucun répit.

I en halv dag trakk kampen ut uten noen hvile i det hele tatt.

Buck attaquait sous tous les angles, rapide et féroce comme le vent.

Buck angrep fra alle kanter, raskt og voldsomt som vinden.

Il a empêché le taureau de se reposer ou de se cacher avec son troupeau.

Han hindret oksen i å hvile eller gjemme seg sammen med flokken sin.

Le cerf a épuisé la volonté de l'élan plus vite que son corps.

Bukken tæret ned elgens viljestyrke raskere enn kroppen dens.

La journée passa et le soleil se coucha bas dans le ciel du nord-ouest.

Dagen gikk, og solen sank lavt på nordvesthimmelen.

Les jeunes taureaux revinrent plus lentement pour aider leur chef.

De unge oksene kom saktere tilbake for å hjelpe lederen sin.

Les nuits d'automne étaient revenues et l'obscurité durait désormais six heures.

Høstnettene hadde kommet tilbake, og mørket varte nå i seks timer.

L'hiver les poussait vers des vallées plus sûres et plus chaudes.

Vinteren presset dem nedoverbakke til tryggere, varmere daler.

Mais ils ne pouvaient toujours pas échapper au chasseur qui les retenait.

Men de klarte likevel ikke å unnslippe jegeren som holdt dem tilbake.

Une seule vie était en jeu : pas celle du troupeau, mais celle de leur chef.

Bare ett liv sto på spill – ikke flokkens, bare lederens.

Cela rendait la menace lointaine et non leur préoccupation urgente.

Det gjorde trusselen fjern og ikke deres presserende bekymring.

Au fil du temps, ils ont accepté ce prix et ont laissé Buck prendre le vieux taureau.

Med tiden aksepterte de denne kostnaden og lot Buck ta den gamle oksen.

Alors que le crépuscule s'installait, le vieux taureau se tenait debout, la tête baissée.

Da skumringen senket seg, sto den gamle oksen med hodet bøyd.

Il regarda le troupeau qu'il avait conduit disparaître dans la lumière déclinante.

Han så flokken han hadde ledet forsvinne i det svinnende lyset.

Il y avait des vaches qu'il avait connues, des veaux qu'il avait autrefois engendrés.

Det var kyr han hadde kjent, kalver han en gang hadde blitt far til.

Il y avait des taureaux plus jeunes qu'il avait combattus et dominés au cours des saisons précédentes.

Det var yngre okser han hadde kjempet mot og hersket mot i tidligere sesonger.

Il ne pouvait pas les suivre, car Buck était à nouveau accroupi devant lui.

Han kunne ikke følge etter dem – for foran ham satt Buck på huk igjen.

La terreur impitoyable aux crocs bloquait tous les chemins qu'il pouvait emprunter.

Den nådeløse, hoggtennerfulle terroren blokkerte enhver vei han kunne ta.

Le taureau pesait plus de trois cents livres de puissance dense.

Oksen veide mer enn tre hundre vekt av tett kraft.

Il avait vécu longtemps et s'était battu avec acharnement dans un monde de luttes.

Han hadde levd lenge og kjempet hardt i en verden preget av kamp.

Mais maintenant, à la fin, la mort venait d'une bête bien en dessous de lui.

Likevel, nå, til slutt, kom døden fra et udyr langt under ham.

La tête de Buck n'atteignait même pas les énormes genoux noueux du taureau.

Bucks hode nådde ikke engang oksens enorme, knoklete knær.

À partir de ce moment, Buck resta avec le taureau nuit et jour.

Fra det øyeblikket av ble Buck hos oksen natt og dag.

Il ne lui a jamais laissé de repos, ne lui a jamais permis de brouter ou de boire.

Han ga ham aldri hvile, lot ham aldri beite eller drikke.

Le taureau a essayé de manger de jeunes pousses de bouleau et des feuilles de saule.

Oksen prøvde å spise unge bjørkeskudd og pileblader.

Mais Buck le repoussa, toujours alerte et toujours attaquant.

Men Buck jaget ham av gårde, alltid årvåken og alltid angripende.

Même dans les ruisseaux qui ruisselaient, Buck bloquait toute tentative assoiffée.

Selv ved sildrende bekker blokkerte Buck ethvert tørstende forsøk.

Parfois, par désespoir, le taureau s'enfuyait à toute vitesse.

Noen ganger, i desperasjon, flyktet oksen i full fart.

Buck le laissa courir, galopant calmement juste derrière, jamais très loin.

Buck lot ham løpe, rolig løpende like bak, aldri langt unna.

Lorsque l'élan s'arrêta, Buck s'allongea, mais resta prêt.

Da elgen stoppet, la Buck seg ned, men holdt seg klar.

Si le taureau essayait de manger ou de boire, Buck frappait avec une fureur totale.

Hvis oksen prøvde å spise eller drikke, slo Buck til med fullt raseri.

La grosse tête du taureau s'affaissait sous ses vastes bois.

Oksens store hode hang lavere under det enorme geviret.

Son rythme ralentit, le trot devint lourd, une marche trébuchante.

Tempoet hans sakket, travet ble tungt; en snublende skritt.

Il restait souvent immobile, les oreilles tombantes et le nez au sol.

Han sto ofte stille med hengende ører og nesen mot bakken.

Pendant ces moments-là, Buck prenait le temps de boire et de se reposer.

I disse øyeblikkene tok Buck seg tid til å drikke og hvile.

La langue tirée, les yeux fixés, Buck sentait que la terre était en train de changer.

Med tungen ute, øynene festet, følte Buck at landet forandret seg.

Il sentit quelque chose de nouveau se déplacer dans la forêt et dans le ciel.

Han følte noe nytt bevege seg gjennom skogen og himmelen.

Avec le retour des orignaux, d'autres créatures sauvages ont fait de même.

Etter hvert som elgen kom tilbake, gjorde andre ville skapninger det også.

La terre semblait vivante, avec une présence invisible mais fortement connue.

Landet føltes levende med tilstedeværelse, usett, men sterkt kjent.

Ce n'était ni par l'ouïe, ni par la vue, ni par l'odorat que Buck le savait.

Det var ikke ved lyd, syn eller lukt at Buck visste dette.

Un sentiment plus profond lui disait que de nouvelles forces étaient en mouvement.

En dypere sans fortalte ham at nye krefter var i bevegelse.

Une vie étrange s'agitait dans les bois et le long des ruisseaux.

Merkelig liv rørte seg i skogene og langs bekkene.

Il a décidé d'explorer cet esprit, une fois la chasse terminée.

Han bestemte seg for å utforske denne ånden etter at jakten var fullført.

Le quatrième jour, Buck a finalement abattu l'élan.

På den fjerde dagen fikk Buck endelig ned elgen.

Il est resté près de la proie pendant une journée et une nuit entières, se nourrissant et se reposant.

Han ble værende ved byten en hel dag og natt, spiste og hvilte.

Il mangea, puis dormit, puis mangea à nouveau, jusqu'à ce qu'il soit fort et rassasié.

Han spiste, så sov han, så spiste han igjen, helt til han var sterk og mett.

Lorsqu'il fut prêt, il retourna vers le camp et Thornton.

Da han var klar, snudde han seg tilbake mot leiren og Thornton.

D'un pas régulier, il commença le long voyage de retour vers la maison.

Med jevnt tempo startet han den lange hjemreisen.

Il courait d'un pas infatigable, heure après heure, sans jamais s'égarer.

Han løp i sin utrettelige løp, time etter time, uten å avvike én eneste gang.

À travers des terres inconnues, il se déplaçait droit comme l'aiguille d'une boussole.

Gjennom ukjente land beveget han seg rett som en kompassnål.

Son sens de l'orientation faisait paraître l'homme et la carte faibles en comparaison.

Hans retningssans fikk mennesket og kartet til å virke svake i sammenligning.

Tandis que Buck courait, il sentait plus fortement l'agitation dans la terre sauvage.

Etter hvert som Buck løp, følte han sterkere opprøret i det ville landskapet.

C'était un nouveau genre de vie, différent de celui des mois calmes de l'été.

Det var en ny type liv, ulikt det i de rolige sommermånedene.

Ce sentiment n'était plus un message subtil ou distant.

Denne følelsen kom ikke lenger som en subtil eller fjern beskjed.

Maintenant, les oiseaux parlaient de cette vie et les écureuils en bavardaient.

Nå snakket fuglene om dette livet, og ekornene pratet om det.

Même la brise murmurait des avertissements à travers les arbres silencieux.

Selv brisen hvisket advarsler gjennom de stille trærne.

Il s'arrêta à plusieurs reprises et respira l'air frais du matin.

Flere ganger stoppet han og snuste inn den friske morgenluften.

Il y lut un message qui le fit bondir plus vite en avant.

Der leste han en beskjed som fikk ham til å hoppe raskere fremover.

Un lourd sentiment de danger l'envahit, comme si quelque chose s'était mal passé.

En dyp følelse av fare fylte ham, som om noe hadde gått galt.

Il craignait qu'une catastrophe ne se produise – ou ne soit déjà arrivée.

Han fryktet at ulykken var på vei – eller allerede hadde kommet.

Il franchit la dernière crête et entra dans la vallée en contrebas.

Han krysset den siste ryggen og kom inn i dalen nedenfor.

Il se déplaçait plus lentement, alerte et prudent à chaque pas.

Han beveget seg saktere, årvåken og forsiktig med hvert skritt.

À trois milles de là, il trouva une piste fraîche qui le fit se raidir.

Tre mil unna fant han et nytt spor som fikk ham til å stivne.

Les cheveux le long de son cou ondulaient et se hérissaient d'alarme.

Håret langs halsen hans bølget og bustet av alarm.

Le sentier menait directement au camp où Thornton attendait.

Stien ledet rett mot leiren der Thornton ventet.

Buck se déplaçait désormais plus rapidement, sa foulée à la fois silencieuse et rapide.

Buck beveget seg raskere nå, skrittene hans både stille og raske.

Ses nerfs se sont resserrés lorsqu'il a lu des signes que d'autres allaient manquer.

Nervene hans strammet seg da han leste tegn som andre kom til å overse.

Chaque détail du sentier racontait une histoire, sauf le dernier morceau.

Hver detalj i stien fortalte en historie – bortsett fra den siste biten.

Son nez lui parlait de la vie qui s'était déroulée ici.

Nesen hans fortalte ham om livet som hadde passert på denne måten.

L'odeur lui donnait une image changeante alors qu'il le suivait de près.

Lukten ga ham et skiftende bilde mens han fulgte tett etter.

Mais la forêt elle-même était devenue silencieuse, anormalement immobile.

Men selve skogen hadde blitt stille; unaturlig stille.

Les oiseaux avaient disparu, les écureuils étaient cachés, silencieux et immobiles.

Fugler var forsvunnet, ekorn var gjemt, stille og stille.

Il n'a vu qu'un seul écureuil gris, allongé sur un arbre mort.

Han så bare ett grått ekorn, flatt på et dødt tre.

L'écureuil se fondait dans la masse, raide et immobile comme une partie de la forêt.

Ekornet blandet seg inn, stivt og ubevegelig som en del av skogen.

Buck se déplaçait comme une ombre, silencieux et sûr à travers les arbres.

Buck beveget seg som en skygge, stille og sikker gjennom trærne.

Son nez se souleva sur le côté comme s'il était tiré par une main invisible.

Nesen hans rykket til side som om den var dratt av en usynlig hånd.

Il se retourna et suivit la nouvelle odeur jusqu'au plus profond d'un fourré.

Han snudde seg og fulgte den nye lukten dypt inn i et kratt.

Là, il trouva Nig, étendu mort, transpercé par une flèche.

Der fant han Nig, liggende død, gjennomboret av en pil.

La flèche traversa son corps, laissant encore apparaître ses plumes.

Skaftet gikk gjennom kroppen hans, fjærene var fortsatt synlige.

Nig s'était traîné jusqu'ici, mais il était mort avant d'avoir pu obtenir de l'aide.

Nig hadde slept seg dit, men døde før han nådde frem til hjelp.

Une centaine de mètres plus loin, Buck trouva un autre chien de traîneau.

Hundre meter lenger fremme fant Buck en annen sledehund.

C'était un chien que Thornton avait racheté à Dawson City.

Det var en hund som Thornton hadde kjøpt tilbake i Dawson City.

Le chien était en proie à une lutte à mort, se débattant violemment sur le sentier.

Hunden var i en dødskamp, og slet hardt på stien.

Buck le contourna sans s'arrêter, les yeux fixés devant lui.

Buck gikk forbi ham uten å stoppe, med blikket rettet fremover.

Du côté du camp venait un chant lointain et rythmé.

Fra leirens retning kom en fjern, rytmisk sang.

Les voix s'élevaient et retombaient sur un ton étrange, inquiétant et chantant.

Stemmer hevet og falt i en merkelig, uhyggelig, syngende tone.

Buck rampa jusqu'au bord de la clairière en silence.

Buck krøp frem til kanten av lysningen i stillhet.

Là, il vit Hans étendu face contre terre, percé de nombreuses flèches.

Der så han Hans ligge med ansiktet ned, gjennomboret av mange piler.

Son corps ressemblait à celui d'un porc-épic, hérissé de plumes.

Kroppen hans så ut som et piggsvin, full av fjærkledde skafter.

Au même moment, Buck regarda vers le pavillon en ruine.

I samme øyeblikk så Buck mot den ødelagte hytta.

Cette vue lui fit dresser les cheveux sur la nuque et les épaules.

Synet fikk håret til å reise seg stivt på nakken og skuldrene hans.

Une tempête de rage sauvage parcourut tout le corps de Buck.

En storm av vilt raseri feide gjennom hele Bucks kropp.

Il grogna à haute voix, même s'il ne savait pas qu'il l'avait fait.

Han knurret høyt, selv om han ikke visste at han hadde gjort det.

Le son était brut, rempli d'une fureur terrifiante et sauvage.

Lyden var rå, fylt av skremmende, vill raseri.

Pour la dernière fois de sa vie, Buck a perdu la raison au profit de l'émotion.

For siste gang i livet mistet Buck fornuften til fordel for følelsene.

C'est l'amour pour John Thornton qui a brisé son contrôle minutieux.

Det var kjærligheten til John Thornton som brøt hans nøye kontroll.

Les Yeehats dansaient autour de la hutte en épicéa détruite.

Yeehat-familien danset rundt den ødelagte granhytta.

Puis un rugissement retentit et une bête inconnue chargea vers eux.

Så kom et brøl – og et ukjent beist stormet mot dem.

C'était Buck ; une fureur en mouvement ; une tempête vivante de vengeance.

Det var Buck; et raseri i bevegelse; en levende hevnstorm.

Il se jeta au milieu d'eux, fou du besoin de tuer.

Han kastet seg midt iblant dem, rasende av trang til å drepe.

Il sauta sur le premier homme, le chef Yeehat, et frappa juste.

Han hoppet mot den første mannen, Yeehat-høvdingen, og traff på sant.

Sa gorge fut déchirée et du sang jaillit à flots.

Halsen hans var revet opp, og blod sprutet i en strøm.

Buck ne s'arrêta pas, mais déchira la gorge de l'homme suivant d'un seul bond.

Buck stoppet ikke, men rev over halsen på nestemann med ett sprang.

Il était inarrêtable : il déchirait, taillait, ne s'arrêtait jamais pour se reposer.

Han var ustoppelig – rev i stykker, hogg, og tok aldri en pause for å hvile.

Il s'élança et bondit si vite que leurs flèches ne purent l'atteindre.

Han pilte og sprang så fort at pilene deres ikke kunne nå ham.

Les Yeehats étaient pris dans leur propre panique et confusion.

Yeehat-familien var fanget i sin egen panikk og forvirring.

Leurs flèches manquèrent Buck et se frappèrent l'une l'autre à la place.

Pilene deres bommet på Buck og traff hverandre i stedet.

Un jeune homme a lancé une lance sur Buck et a touché un autre homme.

En ungdom kastet et spyd mot Buck og traff en annen mann.

La lance lui transperça la poitrine, la pointe lui transperçant le dos.

Spydet gikk gjennom brystet hans, og spissen slo ut i ryggen hans.

La terreur s'empara des Yeehats et ils se mirent en retraite.

Terror feide over Yeehat-ene, og de brøt inn i full retrett.

Ils crièrent à l'Esprit Maléfique et s'enfuirent dans les ombres de la forêt.

De skrek etter den onde ånden og flyktet inn i skogens skygger.

Vraiment, Buck était comme un démon alors qu'il poursuivait les Yeehats.

Buck var virkelig som en demon da han jaget Yeehat-familien.

Il les poursuivit à travers la forêt, les faisant tomber comme des cerfs.

Han rev etter dem gjennom skogen og førte dem ned som hjorter.

Ce fut un jour de destin et de terreur pour les Yeehats effrayés.

Det ble en skjebnens og terrorens dag for de skremte Yeehatene.

Ils se dispersèrent à travers le pays, fuyant au loin dans toutes les directions.

De spredte seg over landet og flyktet langt i alle retninger.

Une semaine entière s'est écoulée avant que les derniers survivants ne se retrouvent dans une vallée.

En hel uke gikk før de siste overlevende møttes i en dal.

Ce n'est qu'alors qu'ils ont compté leurs pertes et parlé de ce qui s'était passé.

Først da telte de tapene sine og snakket om hva som hadde skjedd.

Buck, après s'être lassé de la chasse, retourna au camp en ruine.

Etter å ha blitt lei av jakten, vendte Buck tilbake til den ødelagte leiren.

Il a trouvé Pete, toujours dans ses couvertures, tué lors de la première attaque.

Han fant Pete, fortsatt i teppene sine, drept i det første angrepet.

Les signes du dernier combat de Thornton étaient marqués dans la terre à proximité.

Spor etter Thorntons siste kamp var markert i jorden i nærheten.

Buck a suivi chaque trace, reniflant chaque marque jusqu'à un point final.

Buck fulgte hvert spor og snuste på hvert merke til et siste punkt.

Au bord d'un bassin profond, il trouva le fidèle Skeet, allongé immobile.

Ved kanten av et dypt basseng fant han den trofaste Skeet, liggende stille.

La tête et les pattes avant de Skeet étaient dans l'eau, immobiles dans la mort.

Skeets hode og forlabber var i vannet, ubevegelige i døden.

La piscine était boueuse et contaminée par les eaux de ruissellement provenant des écluses.

Bassenget var gjørmete og tilsølt med avrenning fra sluseboksene.

Sa surface nuageuse cachait ce qui se trouvait en dessous, mais Buck connaissait la vérité.

Den skyfylte overflaten skjulte det som lå under, men Buck visste sannheten.

Il a suivi l'odeur de Thornton dans la piscine, mais l'odeur ne menait nulle part ailleurs.

Han fulgte Thorntons lukt ned i bassenget – men lukten førte ingen andre steder.

Aucune odeur ne menait à l'extérieur, seulement le silence des eaux profondes.

Det var ingen duft som ledet ut – bare stillheten på dypt vann.

Toute la journée, Buck resta près de la piscine, arpentant le camp avec chagrin.

Hele dagen ble Buck værende ved dammen og gikk sorgfullt frem og tilbake i leiren.

Il errait sans cesse ou restait assis, immobile, perdu dans ses pensées.

Han vandret rastløst rundt eller satt stille, fortapt i tunge tanker.

Il connaissait la mort, la fin de la vie, la disparition de tout mouvement.

Han kjente døden; livets slutt; forsvinnelsen av all bevegelse.

Il comprit que John Thornton était parti et ne reviendrait jamais.

Han forsto at John Thornton var borte, og aldri for å komme tilbake.

La perte a laissé en lui un vide qui palpitait comme la faim.

Tapet etterlot et tomrom i ham som dunket som sult.

Mais c'était une faim que la nourriture ne pouvait apaiser, peu importe la quantité qu'il mangeait.

Men dette var en sult maten ikke kunne stille, uansett hvor mye han spiste.

Parfois, alors qu'il regardait les Yeehats morts, la douleur s'estompait.

Til tider, når han så på de døde Yeehatene, falmet smerten.

Et puis une étrange fierté monta en lui, féroce et complète.

Og så steg en merkelig stolthet inni ham, voldsom og fullstendig.

Il avait tué l'homme, le gibier le plus élevé et le plus dangereux de tous.

Han hadde drept mennesket, det høyeste og farligste spillet av alle.

Il avait tué au mépris de l'ancienne loi du gourdin et des crocs.

Han hadde drept i strid med den gamle loven om kølle og hoggtennen.

Buck renifla leurs corps sans vie, curieux et pensif.

Buck snuste på de livløse kroppene deres, nysgjerrig og tankefull.

Ils étaient morts si facilement, bien plus facilement qu'un husky dans un combat.

De hadde dødd så lett – mye lettere enn en husky i en kamp.

Sans leurs armes, ils n'avaient aucune véritable force ni menace.

Uten våpnene sine hadde de ingen reell styrke eller trussel.

Buck n'aurait plus jamais peur d'eux, à moins qu'ils ne soient armés.

Buck kom aldri til å frykte dem igjen, med mindre de var bevæpnet.

Ce n'est que lorsqu'ils portaient des gourdins, des lances ou des flèches qu'il se méfiait.

Bare når de bar køller, spyd eller piler, ville han være forsiktig.

La nuit tomba et une pleine lune se leva au-dessus de la cime des arbres.

Natten falt på, og en fullmåne steg høyt over trærnes topper.

La pâle lumière de la lune baignait la terre d'une douce lueur fantomatique, comme le jour.

Månens bleke lys badet landet i et mykt, spøkelsesaktig skjær som dag.

Alors que la nuit s'approfondissait, Buck pleurait toujours au bord de la piscine silencieuse.

Etter hvert som natten ble dypere, sørget Buck fortsatt ved den stille dammen.

Puis il prit conscience d'un autre mouvement dans la forêt.

Så ble han oppmerksom på en annen bevegelse i skogen.

L'agitation ne venait pas des Yeehats, mais de quelque chose de plus ancien et de plus profond.

Opprøret kom ikke fra Yeehat-familien, men fra noe eldre og dypere.

Il se leva, les oreilles dressées, le nez testant la brise avec précaution.

Han reiste seg opp, med hevede ører, og undersøkte forsiktig brisen på nesen.

De loin, un cri faible et aigu perça le silence.

Langt bortefra kom et svakt, skarpt hyl som gjennomboret stillheten.

Puis un chœur de cris similaires suivit de près le premier.

Så fulgte et kor av lignende rop tett bak det første.

Le bruit se rapprochait, devenant plus fort à chaque instant qui passait.

Lyden kom nærmere, og ble høyere for hvert øyeblikk som gikk.

Buck connaissait ce cri : il venait de cet autre monde dans sa mémoire.

Buck kjente dette ropet – det kom fra den andre verdenen i minnet hans.

Il se dirigea vers le centre de l'espace ouvert et écouta attentivement.

Han gikk til midten av det åpne rommet og lyttet oppmerksomt.

L'appel retentit, multiple et plus puissant que jamais.

Ropet runget ut, mange bemerket og kraftigere enn noensinne.

Et maintenant, plus que jamais, Buck était prêt à répondre à son appel.

Og nå, mer enn noen gang før, var Buck klar til å svare på kallet hans.

John Thornton était mort et il ne lui restait plus aucun lien avec l'homme.

John Thornton var død, og han hadde ikke noe bånd til mennesker igjen.

L'homme et toutes ses prétentions avaient disparu : il était enfin libre.

Mennesket og alle menneskelige krav var borte – han var endelig fri.

La meute de loups chassait de la viande comme les Yeehats l'avaient fait autrefois.

Ulveflokken jaget kjøtt slik Yeehatene en gang gjorde.

Ils avaient suivi les orignaux depuis les terres boisées.

De hadde fulgt elger ned fra de skogkledde områdene.

Maintenant, sauvages et affamés de proies, ils traversèrent sa vallée.

Nå, ville og sultne på bytte, krysset de inn i dalen hans.

Ils arrivèrent dans la clairière éclairée par la lune, coulant comme de l'eau argentée.

Inn i den månebelyste lysningen kom de, rennende som sølvfarget vann.

Buck se tenait immobile au centre, les attendant.

Buck sto stille i midten, ubevegelig og ventet på dem.

Sa présence calme et imposante a stupéfié la meute et l'a plongée dans un bref silence.

Hans rolige, store tilstedeværelse sjokkerte flokken til en kort stillhet.

Alors le loup le plus audacieux sauta droit sur lui sans hésitation.

Så hoppet den dristigste ulven rett mot ham uten å nøle.

Buck frappa vite et brisa le cou du loup d'un seul coup.

Buck slo til raskt og brakk ulvens nakke i et enkelt slag.

Il resta immobile à nouveau tandis que le loup mourant se tordait derrière lui.

Han sto ubevegelig igjen mens den døende ulven vred seg bak ham.

Trois autres loups ont attaqué rapidement, l'un après l'autre.

Tre ulver til angrep raskt, den ene etter den andre.

Chacun d'eux s'est retiré en sang, la gorge ou les épaules tranchées.

Hver av dem trakk seg tilbake blødende, med overskåret hals eller skuldre.

Cela a suffi à déclencher une charge sauvage de toute la meute.

Det var nok til å sette hele flokken i vill angrep.

Ils se précipitèrent ensemble, trop impatients et trop nombreux pour bien frapper.

De stormet inn sammen, for ivrige og for tettpakket til å slå godt til.

La vitesse et l'habileté de Buck lui ont permis de rester en tête de l'attaque.

Bucks fart og ferdigheter tillot ham å holde seg i forkant av angrepet.

Il tournait sur ses pattes arrière, claquant et frappant dans toutes les directions.

Han snurret på bakbeina, glefset og slo i alle retninger.

Pour les loups, cela donnait l'impression que sa défense ne s'était jamais ouverte ou n'avait jamais faibli.

For ulvene virket dette som om forsvaret hans aldri åpnet seg eller vaklet.

Il s'est retourné et a frappé si vite qu'ils ne pouvaient pas passer derrière lui.

Han snudde seg og hugg så raskt at de ikke kunne komme bak ham.

Néanmoins, leur nombre l'obligea à céder du terrain et à reculer.

Likevel tvang antallet deres ham til å gi etter og trekke seg tilbake.

Il passa devant la piscine et descendit dans le lit rocheux du ruisseau.

Han beveget seg forbi dammen og ned i det steinete bekkeleiet.

Là, il se heurta à un talus abrupt de gravier et de terre.

Der kom han borti en bratt skrent av grus og jord.

Il s'est retrouvé coincé dans un coin coupé lors des fouilles des mineurs.

Han kom seg inn i et hjørne som ble kuttet under gruvearbeidernes gamle graving.

Désormais protégé sur trois côtés, Buck ne faisait face qu'au loup de devant.

Nå, beskyttet på tre sider, sto Buck bare overfor den fremste ulven.

Là, il se tenait à distance, prêt pour la prochaine vague d'assaut.

Der sto han i sjakk, klar for den neste angrepsbølgen.

Buck a tenu bon si farouchement que les loups ont reculé.

Buck holdt stand så standhaftig at ulvene trakk seg tilbake.

Au bout d'une demi-heure, ils étaient épuisés et visiblement vaincus.

Etter en halvtime var de utslitte og synlig beseiret.

Leurs langues pendaient, leurs crocs blancs brillaient au clair de lune.

Tungene deres hang ut, de hvite hoggtennene deres glitret i måneskinnet.

Certains loups se sont couchés, la tête levée, les oreilles dressées vers Buck.

Noen ulver la seg ned med hevede hoder og spissede ører mot Buck.

D'autres restaient immobiles, vigilants et observant chacun de ses mouvements.

Andre sto stille, årvåkne og fulgte med på hver eneste bevegelse han gjorde.

Quelques-uns se sont dirigés vers la piscine et ont bu de l'eau froide.

Noen få vandret bort til bassenget og drakk kaldt vann.

Puis un loup gris, long et maigre, s'avança doucement.

Så krøp en lang, mager grå ulv forsiktig frem.

Buck le reconnut : c'était le frère sauvage de tout à l'heure.

Buck kjente ham igjen – det var den ville broren fra før.

Le loup gris gémit doucement, et Buck répondit par un gémissement.

Den grå ulven klynket lavt, og Buck svarte med et klynk.

Ils se touchèrent le nez, tranquillement et sans menace ni peur.

De berørte nesene, stille og uten trussel eller frykt.

Ensuite est arrivé un loup plus âgé, maigre et marqué par de nombreuses batailles.

Deretter kom en eldre ulv, mager og arrmerket etter mange kamper.

Buck commença à grogner, mais s'arrêta et renifla le nez du vieux loup.

Buck begynte å knurre, men stoppet opp og snuste på den gamle ulvens nese.

Le vieux s'assit, leva le nez et hurla à la lune.

Den gamle satte seg ned, løftet nesen og ulte mot månen.

Le reste de la meute s'assit et se joignit au long hurlement.

Resten av flokken satte seg ned og ble med på det lange ulet.

Et maintenant, l'appel est venu à Buck, indubitable et fort.

Og nå kom kallet til Buck, umiskjennelig og sterkt.

Il s'assit, leva la tête et hurla avec les autres.

Han satte seg ned, løftet hodet og hylte sammen med de andre.

Lorsque les hurlements ont cessé, Buck est sorti de son abri rocheux.

Da ulingen tok slutt, steg Buck ut av det steinete lyet sitt.

La meute se referma autour de lui, reniflant à la fois gentiment et avec prudence.

Flokken lukket seg rundt ham og snufset både vennlig og forsiktig.

Les chefs ont alors poussé un cri et se sont précipités dans la forêt.

Så hylte lederne og løp av gårde inn i skogen.

Les autres loups suivirent, hurlant en chœur, sauvages et rapides dans la nuit.

De andre ulvene fulgte etter, hylende i kor, ville og raske i natten.

Buck courait avec eux, à côté de son frère sauvage, hurlant en courant.

Buck løp med dem, ved siden av sin ville bror, og ulte mens han løp.

Ici, l'histoire de Buck fait bien de se terminer.

Her gjør historien om Buck det godt i å ta slutt.

Dans les années qui suivirent, les Yeehats remarquèrent d'étranges loups.

I årene som fulgte la Yeehat-familien merke til merkelige ulver.

Certains avaient du brun sur la tête et le museau, du blanc sur la poitrine.

Noen hadde brunt på hodet og snuten, hvitt på brystet.

Mais plus encore, ils craignaient une silhouette fantomatique parmi les loups.

Men enda mer fryktet de en spøkelsesaktig skikkelse blant ulvene.

Ils parlaient à voix basse du Chien Fantôme, chef de la meute.

De hvisket om Spøkelseshunden, lederen av flokken.

Ce chien fantôme était plus rusé que le plus audacieux des chasseurs Yeehat.

Denne spøkelseshunden var mer listig enn den dristigste Yeehat-jegeren.

Le chien fantôme a volé dans les camps en plein hiver et a déchiré leurs pièges.

Spøkelseshunden stjal fra leirer i dyp vinter og rev fellene deres i stykker.

Le chien fantôme a tué leurs chiens et a échappé à leurs flèches sans laisser de trace.

Spøkelseshunden drepte hundene deres og unnslapp pilene deres sporløst.

Même leurs guerriers les plus courageux craignaient d'affronter cet esprit sauvage.

Selv deres modigste krigere fryktet å møte denne ville ånden.

Non, l'histoire devient encore plus sombre à mesure que les années passent dans la nature.

Nei, historien blir enda mørkere etter hvert som årene går i naturen.

Certains chasseurs disparaissent et ne reviennent jamais dans leurs camps éloignés.

Noen jegere forsvinner og vender aldri tilbake til sine fjerne leirer.

D'autres sont retrouvés la gorge arrachée, tués dans la neige.

Andre blir funnet med revet opp strupene, drept i snøen.

Autour de leur corps se trouvent des traces plus grandes que celles que n'importe quel loup pourrait laisser.

Rundt kroppene deres er det spor – større enn noen ulv kunne lage.

Chaque automne, les Yeehats suivent la piste de l'élan.

Hver høst følger Yeehats elgens spor.

Mais ils évitent une vallée avec la peur profondément gravée dans leur cœur.

Men de unngår én dal med frykt hugget dypt inn i hjertene sine.

Ils disent que la vallée a été choisie par l'Esprit du Mal pour y vivre.

De sier at dalen er valgt av den onde ånden som hjem.

Et quand l'histoire est racontée, certaines femmes pleurent près du feu.

Og når historien blir fortalt, gråter noen kvinner ved bålet.

Mais en été, un visiteur vient dans cette vallée tranquille et sacrée.

Men om sommeren kommer én besøkende til den stille, hellige dalen.

Les Yeehats ne le connaissent pas et ne peuvent pas le comprendre.

Yeehatene vet ikke om ham, og de kunne heller ikke forstå.

Le loup est un grand loup, revêtu de gloire, comme aucun autre de son espèce.

Ulven er en stor en, dekket av prakt, ulik ingen annen av sitt slag.

Lui seul traverse le bois vert et entre dans la clairière de la forêt.

Han alene krysser fra grønt tømmer og går inn i skoglysningen.

Là, la poussière dorée des sacs en peau d'élan s'infiltre dans le sol.

Der siver gyllent støv fra elgskinnsekker ned i jorden.

L'herbe et les vieilles feuilles ont caché le jaune du soleil.

Gress og gamle blader har skjult det gule for solen.

Ici, le loup se tient en silence, réfléchissant et se souvenant.

Her står ulven i stillhet, tenker og husker.

Il hurle une fois, longuement et tristement, avant de se retourner pour partir.

Han uler én gang – langt og sørgmodig – før han snur seg for å gå.

Mais il n'est pas toujours seul au pays du froid et de la neige.

Likevel er han ikke alltid alene i kuldens og snøens land.

Quand les longues nuits d'hiver descendent sur les basses vallées.

Når lange vinternetter senker seg over de lavere dalene.

Quand les loups suivent le gibier à travers le clair de lune et le gel.

Når ulvene følger vilt gjennom måneskinn og frost.

Puis il court en tête du peloton, sautant haut et sauvagement.

Så løper han i spissen for flokken, hoppende høyt og vilt.

Sa silhouette domine les autres, sa gorge est animée par le chant.

Skikkelsen hans ruver over de andre, halsen hans levende av sang.

C'est le chant du monde plus jeune, la voix de la meute.

Det er den yngre verdens sang, flokkens stemme.

Il chante en courant, fort, libre et toujours sauvage.

Han synger mens han løper – sterk, fri og evig vill.